CW00571163

MARIUS VACHON

LE CHATEAU

DE

SAINT-CLOUD

SON INCENDIE EN 1870

INVENTAIRE DES ŒUVRES D'ART

DÉTRUITES OU SAUVÉES

DEUX PLANCHES A L'EAU-FORTE

PARIS

A. QUANTIN, IMPRIMEUR-ÉDITEUR

7, RUE SAINT-BENOIT

1880

LE CHATEAU

DE SAINT-CLOUD

L'INCENDIE. — LE PILLAGE

I

CRIRE l'histoire d'une manière exacte n'est point une chose aussi aisée qu'on le pense, même lorsque les événements se sont passés sous nos yeux. Les faits qui paraissent le plus évidents sont parfois compliqués de circonstances particulières et ignorées qui les dénaturent complètement et donnent le change même à ceux qui en sont témoins. La vraisemblance impose telle version qui, reproduite successivement et sans nul contrôle, est adoptée généralement et prend pour ainsi dire force de texte historique. Plus tard un examen attentif de ces circonstances et la découverte de documents particuliers viennent modifier et parfois contredire entièrement cette version. Alors, pour en faire adopter une nouvelle, c'est une tâche difficile; mais lorsque le patriotisme et l'amour-propre national se trouvent d'accord avec le souci de la vérité historique, on ne doit point hésiter à l'entreprendre et l'on peut espérer de la mener à bonne fin.

La question de la responsabilité de l'incendie du palais de Saint-Cloud, détruit par le feu le 13 octobre 1870, n'a jamais été résolue d'une manière complète. Les avis sont très partagés à ce sujet. Les Prussiens prétendent que ce sont les soldats français qui ont mis le feu au moyen d'obus lancés soit du Mont-Valérien, soit de l'enceinte fortifiée de Paris. Cette opinion, si flétrissante qu'elle soit pour nous, ne laisse pas d'être celle de beaucoup de gens, et parmi les nombreuses personnes que nous avons eu l'occasion d'interroger à ce propos, la plupart nous ont répondu qu'il en avait été pour Saint-Cloud comme pour Meudon, que la nécessité de la défense avait imposé à l'armée de Paris sa destruction.

Dans l'ouvrage publié par le général de Kirchbach sur les opérations du 5e corps qu'il commandait, nous trouvons les passages suivants :

« Le 2 octobre, un nouvel observatoire fut installé dans les combles, à l'aile gauche du château de Saint-Cloud, mais il n'y resta pas longtemps... Les jours suivants la position du 5ᵉ corps fut de nouveau fort inquiétée de la même façon; le 10 octobre un obus tomba dans l'aile sud du château de Saint-Cloud et endommagea la chambre à coucher de l'empereur. *Quelques obus* traversèrent la chambre voisine de l'observatoire et y occasionnèrent un commencement d'incendie. Le lendemain, les *obus frappèrent encore* l'observatoire du lieutenant Gronen pendant qu'il y travaillait. Par un hasard providentiel, ni lui, ni son personnel, ni ses instruments, ne furent atteints.

« On songea aussitôt à l'installer ailleurs. Le Mont-Valérien tirait surtout dans la direction du château de Saint-Cloud et de la lanterne.

« Nos avant-postes se trouvaient très exposés dans ces endroits. La lanterne semblait être pour l'ennemi un excellent point de direction ou peut-être croyait-il qu'on en avait fait un observatoire. Elle avait la forme d'un phare et on y jouissait d'une vue magnifique sur tout Paris. Cependant elle ne fut pas utilisée, car l'ennemi n'eût pas manqué de s'en apercevoir.

« Pour faire disparaître la cause du feu violent dans ces environs, le commandant du corps d'armée donna l'ordre d'abattre la lanterne, ce qui fut exécuté dans la nuit du 12 au 13 vers trois heures et demie. Quatre quintaux de poudre soigneusement damés furent disposés dans la pièce du rez-de-chaussée; ils furent allumés et désagrégèrent les murs de ce monument colossal. La tour tomba sur elle-même. Le fort vent qui régna toute la nuit empêcha la détonation d'être entendue au loin; les grand'gardes placées au mur nord du parc de Saint-Cloud n'entendirent rien : l'ennemi ne remarqua rien non plus.

. . . .

« Dans l'après-midi du 13 octobre, le Mont-Valérien recommença son tir avec la même violence dans cette direction. Plusieurs obus tombèrent sur le château de Saint-Cloud et finirent par mettre le feu aux étages supérieurs. Les troupes qui étaient de service d'avant-postes au château, le bataillon Klass, du 58e régiment, et la 2e compagnie de chasseurs (capitaine Von Strauts), cherchèrent à l'éteindre, mais cela ne fut pas possible au milieu de la pluie incessante d'obus qui, après l'explosion de l'incendie, paraissait avoir surtout le château pour but; on manquait d'ailleurs de matériel d'incendie.

« Lorsque le château fut en flammes sur toute sa surface, les obus cessèrent de tomber. On réussit alors à sauver des meubles, quelques objets d'art et une partie de la bibliothèque; on essaya aussi de sauver un tableau représentant la réception faite à Saint-Cloud par le couple impérial à la reine

Victoria d'Angleterre; mais il ne fut pas possible d'atteindre ce tableau suspendu à une certaine hauteur dans la cage de l'escalier qui était en feu. Le lendemain le château était complètement brûlé. La destruction de ce château auquel se rattachent de si grands souvenirs historiques, où Napoléon III avait signé la déclaration de guerre à la Prusse, excita une tristesse générale et même un certain mécontentement parmi les troupes qui l'avaient gardé avec tant de soin pour le conserver intact. Aucun homme ne s'était installé dans les étages supérieurs, les officiers seuls avaient établi leur campement dans le vestibule de l'aile sud; les meubles sauvés furent destinés à garnir les abris des avant-postes; les autres objets et la bibliothèque furent remis au musée et à la mairie de Versailles. »

Les assertions avancées par le général de Kirchbach sont erronées, et nous croyons pouvoir le prouver d'une manière irréfutable par les renseignements entièrement inédits que nous avons recueillis sur cette importante question historique, en faisant des recherches sur l'art et les artistes pendant la guerre et la Commune.

D'après des témoins oculaires et auriculaires, très dignes de foi, la « pluie d'obus » tombée sur le palais et dans la cour d'honneur a été pour ainsi dire insignifiante et n'a dû produire que peu ou point d'effet sur l'ennemi. Les traces de dix projectiles seuls sont visibles sur les murs du palais; un seul est tombé dans la cour d'honneur. Le 7 octobre, un obus parti du Mont-Valérien pénétra dans le rez-de-chaussée du palais par le haut de la fenêtre du cabinet de travail de l'adjudant général et éclata sans mettre le feu, mais brisant tout. Le 13 octobre, un deuxième obus lancé par le Mont-Valérien tomba dans la chambre à coucher de l'empereur. D'après les officiers prussiens, ce serait ce projectile-là qui aurait mis le feu. Un troisième obus venu également du Mont-Valérien pénétra dans le mur de façade à hauteur du cabinet de toilette et de la chambre à coucher de l'empereur. Ces trois obus sont les seuls, à l'exception toutefois de ceux tombés sur la toiture dont les traces n'ont pu être découvertes, qui aient été lancés sur le palais avant ou pendant l'incendie. L'unique obus qui ait éclaté dans la cour d'honneur, avant l'incendie, provenait de l'enceinte de Paris. En admettant que le nombre de projectiles tombés sur la toiture soit égal à celui des projectiles tombés ailleurs, on est loin de la pluie d'obus signalée par le général de Kirchbach. Quant à l'absence de matériel d'incendie, la mauvaise foi de l'auteur du récit que nous avons cité est évidente et les preuves du contraire pourraient être fournies par le témoignage du prince royal lui-même et des princes de Hohenzollern et de Saxe qui ont vu les pompes en place dans le château. M. Schneider, régisseur du palais, avait, en prévision d'incendie, fait installer quatre pompes prêtes à être manœuvrées : une dans les appartements du prince impérial, au deuxième étage, une dans le vestibule du salon de Mars, une dans le vestibule d'honneur, et la quatrième enfin place de la fourrière. Le service était organisé avec le plus grand soin ; nous avons sous les yeux les ordres du jour originaux. Tous les bassins étaient remplis et les pièces d'eau en charge. Après l'évacuation, l'on a retrouvé, dans le bassin du Fer-à-Cheval, une pompe sans accessoires et dont les tuyaux avaient été coupés en maint endroit à coups de sabre, et dans les ruines, sous les décombres, le piston d'une pompe complètement calcinée et deux échelles à l'italienne. Les chariots du service d'incendie servaient de fourgons pour le transport des objets volés dans le château. On ne s'explique guère d'ailleurs comment les Prussiens, qui avaient renoncé à éteindre l'incendie à cause de la pluie d'obus qui tombait sur le palais, trouvèrent le temps d'enlever tout ce que l'on a vu transporter à Versailles, meubles, bibelots, objets d'art, pendules, livres, tableaux, etc. Si l'incendie n'a point été le fait des Prussiens, ce qui peut se discuter facilement, ils n'ont rien fait, comme ils l'avouent ingénument d'ailleurs, pour l'éteindre ou pour le circonscrire. Cette tâche n'était pas impossible avec les moyens de sauvetage et la quantité de bras dont ils disposaient. Ils n'avaient pas à craindre les obus de l'ennemi, puisque le général de Kirchbach déclare que le Mont-Valérien et l'enceinte de Paris avaient cessé le feu aussitôt que l'incendie avait éclaté.

II

« On réussit à sauver des meubles, quelques objets d'art et une partie de la bibliothèque, » dit le général de Kirchbach. Nous n'y contredirons point, mais tout prouve que les Prussiens n'ont pas attendu l'incendie du palais pour opérer le sauvetage des richesses qu'il renfermait et qui devaient naturellement exciter leurs convoitises, puisqu'ils ne sont jamais restés insensibles en présence d'objets de moindre valeur. Le fait du pillage du château, en raison des preuves matérielles et de l'induction logique des mesures prises par suite d'ordres supérieurs, nous paraît indiscutable.

D'après les officiers du 58e régiment, qui se trouvait à ce moment au château, et particulièrement d'après leur chef, le commandant Klaess, c'est l'obus tombé le 13 dans la chambre à coucher de l'empereur qui a mis le feu au palais. Or, parmi les objets transportés à Versailles, il s'en trouvait un certain nombre provenant de cette pièce, entre autres le buste de l'impératrice Eugénie par M. de Niewerkerke, dont un grand personnage s'était emparé. Le 30 janvier 1871, en passant à Ville-d'Avray, le régisseur du château et des employés ont reconnu dans un fourgon le matelas du lit de l'empereur; de plus on a retrouvé dans les cuisines deux confortables fauteuils souillés, maculés, couverts de poussière, provenant également de la même chambre. Il est donc certain que les Prussiens ont pillé le palais avant de l'incendier. Plusieurs officiers prussiens ont déclaré à des personnes très dignes de foi que le roi avait accordé à chaque officier ayant servi aux avant-postes à Saint-Cloud l'autorisation de prendre un objet quelconque comme souvenir, à la condition de le signaler sur un registre *ad hoc*. Jadis, quand l'ennemi entrait dans une ville conquise, chacun prenait ce qui lui plaisait et n'avait à en rendre compte à personne. En 1870-1871, le pillage était réglementé.

Du 21 septembre, jour de leur arrivée à Saint-Cloud, jusqu'au 1er octobre, les Prussiens ne prirent rien dans les appartements. M. Schneider avait eu la précaution de ne pas se dessaisir des clefs et accompagnait toujours les personnages qui venaient en amateurs visiter le palais. La seule mesure fut le transport à Versailles des cartes et plans de la bibliothèque ordonné par le prince royal. Mais on procéda à cet enlèvement administrativement. Reçu en règle en fut donné au gouverneur du palais, M. Commissaire, ancien représentant du peuple. Mais le 1er octobre on expulsa le régisseur et les employés que l'on conduisit à Versailles. Alors le pillage commença par les logements particuliers. Des tentatives pour y mettre le feu furent faites. La bibliothèque de M. Schneider, qui contenait des raretés bibliographiques et une collection sans prix de cartes sur les campagnes militaires de la Révolution et de l'Empire dressées par son grand-père, fut volée. Toutes les portes du palais étaient ouvertes. Officiers et soldats y pénétraient en toute liberté. Le 47e de ligne, qui occupait le château au moment de l'expulsion du personnel, emporta à l'hôtel du *Sabot d'or* à Versailles, lorsqu'il fut relevé par le 58e, une quantité d'objets provenant du palais. On faisait venir de Versailles des prolonges d'artillerie et des fourgons pour effectuer les transports. Le pillage n'était donc point le fait isolé de quelques soldats, mais bien un système de mesures exécutées militairement en vertu d'ordres supérieurs. Cela était tellement entré dans les habitudes de l'ennemi, que, pendant l'armistice, des officiers de la landwehr pillaient encore le pavillon de Valois, épargné par le feu, et que M. Schneider recevait, un beau matin, la visite d'un colonel et de deux majors qui venaient lui demander la faveur de « leur laisser emporter quelques meubles pour souvenir ». N'est-ce point vraiment épique?

Dans les derniers mois de 1871, l'administration de la Compagnie de l'Est a trouvé, dans un de ses magasins de province, trois wagons remplis d'objets mobiliers provenant du palais de Saint-Cloud, et qui avaient été oubliés là, on ne sait trop comment.

S'il n'a pas été possible de découvrir dans les ruines du palais des traces de matières incendiaires qui puissent permettre d'affirmer d'une manière irrécusable que ce sont les Prussiens qui y ont mis le feu, il n'en est pas de même pour les dépendances qui ont subi le même sort et particulièrement pour les écuries neuves. On est aujourd'hui amplement édifié sur les procédés que l'ennemi employait pour incendier une maison lorsqu'il n'avait pas du pétrole sous la main. Nos paysans en garderont longtemps le souvenir. Cela était fort simple : on entassait, dans les rez-de-chaussée, dans les caves, des chaises de paille, des bottes de foin, des meubles; on y mettait le feu et tout flambait bientôt à merveille.

De l'examen attentif des lieux, il résulte que l'incendie a gagné de la chambre à coucher de l'empereur les combles de l'aile droite, par le corridor de communication des appartements du premier étage sur les jardins. Les grands appartements de réception n'ont dû être incendiés que lorsque toute la partie supérieure s'est effondrée. L'œuvre de destruction a été complète; de ces somptueux appartements il ne reste plus que des ruines sinistres, des pans de murs béants qui menacent de s'écrouler.

« C'est le 13 octobre que j'appris que le palais était en feu, nous a raconté M. Schneider, qui, du 4 septembre 1870 au 30 mai 1871, a fait preuve, dans l'exercice de ses périlleuses fonctions, du plus grand patriotisme et d'un dévouement admirable. Immédiatement j'écrivis au prince royal pour lui demander de me rendre à Saint-Cloud afin de pouvoir organiser les secours. Je fus reçu par M. de Seckendorff, son aide de camp. Le prince me faisait dire que ma présence était inutile à Saint-Cloud. Le palais était complètement envahi par les flammes et tout secours impossible. Les soldats, du reste, se multipliaient pour sauver tout ce qui était susceptible de l'être. J'insistai pour aller chercher ce qui avait été retiré des flammes. Il me fut répondu que l'on consulterait le roi; qu'en tout cas, comme la circulation était dangereuse dans le parc, je ne pourrais faire cette opération qu'aidé seulement par mon personnel. J'acceptai avec empressement, demandant à mettre les effets sauvés soit au palais de Versailles, soit à Trianon. Le lendemain je sus que le roi consentait à ce que j'allasse recueillir tout ce qui avait été sauvé par les Prussiens, mais avec la condition que je le transporterais à la préfecture où le roi en disposerait à son gré. Je compris parfaitement que l'on voulait me faire tirer les marrons du feu et je répondis en souriant à M. de Seckendorff que je voulais bien exposer ma vie pour le service de la France, mais que je ne voulais pas travailler pour le roi de Prusse. Le 19, je vins à Saint-Cloud pour voir le désastre, et je fus introduit par un officier prussien dans l'orangerie où se trouvait entreposé tout ce qui venait du château. Je ne pus que jeter un coup d'œil rapide, l'officier m'ayant introduit sans autorisation et craignant d'être surpris; mais je vis quantité d'objets d'un transport facile, tels que vases de Sèvres, candélabres, pendules, petits meubles, etc.

« Au 4 mars, lorsque le roi me fit dire de venir prendre à la préfecture tous les objets sauvés lors de l'incendie du palais, je m'aperçus que tous ceux que j'avais remarqués dans l'orangerie manquaient. »

Peu après, le 31 janvier, M. Schneider insista de nouveau pour aller reprendre son service à Saint-Cloud, et adressa, dans ce but, la pétition suivante au prince royal de Prusse :

Monseigneur,

Hier, au palais de Saint-Cloud, j'ai eu l'honneur de parler à Votre Altesse pour solliciter l'autorisation de reprendre mes fonctions de régisseur du château et de m'installer avec tout mon personnel dans cette résidence.

Au 19 septembre, malgré l'approche de vos armées, je n'ai pas voulu abandonner mon poste; plus tard, les exigences de la guerre m'enlevèrent jusqu'à l'espoir de sauver le palais de l'incendie et de la ruine la plus complète.

Aujourd'hui que Paris a capitulé, que la paix est sur le point d'être signée et que dans ces conditions les troupes doivent respecter les propriétés du vaincu, j'ose espérer, monseigneur, que vous permettrez à un ancien officier qui a le regret de ne pouvoir rendre que ce service à son pays, de reprendre possession du domaine de Saint-Cloud et de ses dépendances.

Permettez-moi, monseigneur, d'exposer à Votre Altesse le but que je compte atteindre en retournant habiter les dépendances du château, bien que le corps principal soit incendié. Six bâtiments sont encore habitables. Les meubles jetés par les fenêtres gisent sur le pavé des cours. Des amas énormes d'immondices remplissent les abords des pavillons et ces pavillons eux-mêmes. Une grande quantité de matelas sont épars dans le parc et ne doivent avoir aucune affectation, si j'en juge par le nombre de ceux qui sont amenés journellement à Versailles.

Je me propose donc de remettre tout dans le plus grand état de propreté possible et d'empêcher les meubles de se détériorer davantage en restant à l'humidité.

J'ai besoin d'une grande force pour obtenir que chacun restitue même son superflu, et c'est à Votre Altesse que je viens demander cette force.

Ainsi donc, monseigneur, si Votre Altesse daigne m'autoriser à reprendre mes fonctions, je demande à rentrer en possession de tous les meubles et autres objets ayant appartenu au palais et à ne laisser pour le service de la troupe que le nombre de matelas ou d'objets mobiliers strictement nécessaires pour le moment;

Que mon autorité de régisseur ne soit pas méconnue et *que ma personne soit respectée;* que les soldats ne puissent entrer dans aucun des bâtiments existants encore ou détruits, sauf ceux leur servant de poste;

A avoir pour moi et mes hommes la libre circulation dans les cours et dans le parc.

Voilà, monseigneur, ce que je viens soumettre à Votre Altesse, et j'ai le ferme espoir que ce qui reste de ce palais, une des gloires de la France, sera rendu à la France détruit par la guerre, il est vrai, mais sauvé d'un pillage après capitulation, et je garderai un précieux souvenir de la haute protection que Votre Altesse aura bien voulu m'accorder en cette circonstance.

J'ai l'honneur...

Le régisseur du palais de Saint-Cloud,

A. SCHNEIDER.

Le général Sandrart, du 5e corps d'armée, fit à M. Schneider la réponse suivante, que nous transcrirons textuellement, car elle le mérite de tous points. C'est un véritable chef-d'œuvre en son genre :

LETTRE DU GÉNÉRAL SANDRART.

Je vous fais connaître, en réponse à la pétition que vous avez faite à Sa Grandeur Impériale et Royale le prince royal de Prusse, que, comme pour le moment il n'y a rien à objecter contre vous et les employés restants du château, vous reprendrez vos fonctions autant que le service militaire n'en sera pas gêné.

Les objets qui restent au château sont à votre disposition autant que les troupes n'en auront pas besoin. La décision sur les objets qui sont utiles à la troupe reste à l'officier qui commande à Saint-Cloud, aussi bien qu'il demeure soumis à son appréciation de désigner les bâtiments dont l'accès sera défendu ou permis au public. La libre circulation dans le parc vous est concédée ainsi qu'à votre personnel autant que cela n'aura rien de nuisible au service.

(L'original est écrit en allemand.)

L'œuvre de vandalisme fut, hélas ! complétée par des Français qui n'avaient, il est vrai, de français que le langage. Dès le 20 février, des nuées de maraudeurs s'abattirent sur Saint-Cloud et envahirent les ruines du palais, cassant, brisant, arrachant tout ce qu'ils trouvaient sous la main, et ne craignant pas de se faire aider par les Prussiens. Les colonnes monolithes en marbre Campan du salon de Mars furent brisées à coups de barre de fer. Des individus, qui connaissaient leur métier évidemment, démontèrent fort délicatement les bronzes de la rampe en fer forgé de l'escalier de l'impératrice et la double rampe de l'escalier d'honneur; on en a trouvé une quantité de débris chez les marchands de la rue de Lappe. Il ne fallait point s'aviser de les en empêcher; ils auraient fait un mauvais parti à celui qui aurait accompli cet acte de patriotisme. Le régisseur du palais lui-même faillit être un jour la victime de ces voleurs.

En présence de pareils faits, vers le 5 ou 6 mars, M. Schneider fit placer au milieu de la cour d'honneur un poteau avec l'inscription suivante : « Le public est instamment prié de ne rien prendre dans les ruines et de n'emporter aucuns matériaux, de quelque nature qu'ils soient. C'est à lui de ne pas achever l'œuvre de destruction commencée par l'ennemi et de lui laisser ainsi toute la responsabilité du désastre. » Il n'y avait pas dix minutes que cet écriteau était placé que des officiers prussiens vinrent de Versailles pour visiter les ruines. A peine eurent-ils lu cette affiche qu'ils s'adressèrent à l'un des surveillants présents, en bourgeois, et lui donnèrent l'ordre d'abattre le poteau. Le surveillant refusa, comme c'était son devoir, d'obtempérer à leur injonction. Quelques Français qui se promenaient dans les ruines étaient sur le point de faire un mauvais parti à ces officiers. Ceux-ci, ne se voyant pas en force, se retirèrent sans mot dire, selon leur habitude. Quelques instants après, un détachement composé d'une trentaine d'hommes arrivait, suivi de l'un d'eux, et s'arrêtait devant le poteau en question, la baïonnette au fusil.

Un sous-officier tira son sabre majestueusement et abattit l'affiche. M. Schneider, survenant sur ces entrefaites, dit à l'officier prussien : « Vous avez fait enlever cette affiche parce que vous êtes les plus forts aujourd'hui, mais je vous jure que cet écriteau sera replacé un jour. — Oh! très bien! très bien! répliqua l'officier, comme vous voudrez; tout sera fini alors, et vos compatriotes auront terminé ce qui a été commencé. »

N'était-ce point humiliant de s'entendre jeter à la face pareille injure, malheureusement justifiée? Un vainqueur généreux l'eût épargnée au vaincu. Mais cet ennemi ne connaît guère que la maxime : *Væ victis!*

Après la signature de l'armistice, le pillage ou plutôt les déprédations, car il ne restait plus rien à piller, n'en continuèrent pas moins. Elles prirent même un certain caractère de vandalisme que l'on ne peut expliquer que par le dépit, la rage, éprouvés par les soldats de n'avoir pu entrer dans Paris et le piller. On hésitera certainement à croire les faits que nous allons rapporter d'après les renseignements d'un témoin oculaire.

Dès les premiers jours de l'armistice, les Prussiens vinrent chaque matin en promenade militaire au château. Arrivé dans la cour d'honneur, le bataillon se formait en bataille, face à Paris. Là un officier expliquait aux soldats les différents monuments de la capitale, puis, cela fait, la troupe, s'armant de barres de fer, se répandait immédiatement dans les ruines et brisait à grands coups les objets encore intacts ou légèrement endommagés par le feu. On réduisit en morceaux deux grandes coupes de porphyre rouge placées dans le vestibule du fer à cheval, et chaque Prussien s'en partagea les débris assez volumineux. Plusieurs statues encore debout eurent le même sort, et tous les jours, à la même heure, un nouveau bataillon venait continuer l'œuvre de destruction. Dans la journée, des officiers se promenaient en voiture dans les jardins réservés, déjeunaient tranquillement, puis, aidés par les soldats présents, brisaient les statues du parc, abattaient à coups de sabre et de pierres qui un bras, qui une tête, qui une jambe et ensuite en emportaient un morceau dans leur voiture, comme un trophée ou un butin.

Profitant un jour de la présence d'un général prussien dans le parc, le régisseur du palais le pria d'arrêter cette œuvre de vandalisme qui se passait sous ses yeux. Le général regarda son interlocuteur avec morgue, et, se retournant vers son état-major, se mit à rire à gorge déployée. Il salua ironiquement de la main le régisseur et lui tourna le dos.

C'est à ces exploits de vandalisme que nous devons la perte de plusieurs statues et groupes de

Coustou; la mutilation du *Rhône* de Coysevox, une des plus belles œuvres du grand sculpteur; la destruction de la *Vénus aux cheveux d'or* d'Arnaux, placée près du grand bassin. Ne pouvant mutiler ou détruire les statues en fonte ou en bronze, ils les précipitaient dans les bassins. C'est ainsi, fort heureusement, qu'ils en ont agi avec une œuvre superbe, une statue en bronze, attribuée par quelques écrivains d'art à Michel-Ange, et que l'on a retrouvée en 1873 dans un bassin, couverte de limon et fortement oxydée. Cette figure en bronze florentin provenait des magasins du Louvre et avait été transportée à Saint-Cloud, on ne sait trop à quelle époque. Reléguée dans un coin du parc réservé et complètement abandonnée, il n'a rien moins fallu que sa mésaventure pour la tirer de l'oubli et provoquer, sur son origine et sa valeur, les dissertations des érudits et des artistes.

Lorsqu'on la découvrit, une polémique passionnée s'engagea à son propos entre plusieurs écrivains d'art. M. Charles Clément, dans le *Journal des Débats,* l'attribua énergiquement à Michel-Ange lui-même, en prétendant que cette statue est le *Davïd* du château de Bury, disparu depuis la Révolution, sans laisser aucune trace. Dans un article du *Moniteur universel,* M. Louis Gonse répliqua que cette statue pouvait bien être de Michel-Ange, mais protesta avec non moins d'énergie contre l'assertion du critique du *Journal des Débats* relativement à la dénomination du sujet représenté par le statuaire. Le directeur actuel de la *Gazette des Beaux-Arts* est d'avis, d'après l'attitude du personnage, le caractère de la physionomie et les accessoires, que la statue de Saint-Cloud n'est autre qu'un *Apollon pythien*.

Ce n'est pas un David, dit-il, ce n'est pas davantage un Jason. que la fable nous donne comme ayant assoupi avec un breuvage le monstre qui gardait la Toison d'or, ni un Persée, qui a toujours été représenté avec le casque de Pluton et les talonnières de Mercure; mais nous sommes étonné qu'on n'y ait point reconnu du premier regard un Apollon pythien. Tout l'indique, la tête avec son caractère de beauté calme et régulière et son style qui trahit une préoccupation de l'art antique, avec la coiffure traditionnelle et symbolique, la présence d'un arc dans la main gauche, un mince baudrier qui passe sur l'épaule et qui devait porter un carquois et surtout le mouvement du bras droit qui remettait dans ce carquois une flèche devenue inutile — (en s'élevant avec une échelle, on en voit très distinctement l'extrémité dans la main); — enfin la forme de l'animal qu'il vient de frapper et qui n'est ni une hydre, ni un dragon, mais bien plutôt une sorte de reptile. Pour nous, il n'y a pas de doute possible : la statue du Louvre est un Apollon et bien que M. Clément prétende, avec juste raison, que les artistes de la Renaissance se préoccupaient fort peu du sens exact des sujets, il faudrait une singulière élasticité d'expression pour en faire un David.

Dans l'étude sur la vie de Michel-Ange par M. A. de Montaiglon, publiée dans l'ouvrage en l'honneur du grand maître, édité par la *Gazette des Beaux-Arts* en 1876, nous lisons les lignes suivantes : « C'est aussi à ce moment-là qu'il fit la statue de l'*Apollon portant la main à son carquois* longtemps abandonnée dans les jardins de Boboli. Peut-être est-elle le modèle ou plutôt l'origine première du grand Apollon de bronze qui a été ramené du parc de Saint-Cloud et porté au Louvre depuis la guerre? Bien que celui-ci ne semble pouvoir être, par le travail, de la main de Michel-Ange, le motif si particulier du geste du bras peut faire penser qu'il y a quelque connexité entre les deux statues et que la seconde doit quelque chose à la première. » Nous apprenons que la découverte de nouveaux documents permettrait aujourd'hui à M. de Montaiglon d'attribuer définitivement la statue de Saint-Cloud. Elle aurait été exécutée par un élève du grand maître, le Rustici, très probablement sur un dessin ou une maquette de lui. Il est évident en effet qu'il y a dans cette œuvre du Michel-Ange.

L'*Apollon* de Saint-Cloud est exposé actuellement dans la salle de sculpture de la Renaissance italienne, au Louvre.

Une charmante statue en marbre blanc, d'un travail remarquable, avait été transportée par ordre du prince royal à Versailles, où elle se trouve encore. Le prince voulait l'emporter à Berlin; mais l'empereur ne le permit point. On a lieu d'être étonné de ce scrupule, quand on songe à tout ce qui a été enlevé avec ou sans l'autorisation de Sa Majesté l'empereur Guillaume, et combien les envahisseurs étaient ingénieux à tourner les consignes à ce sujet. Ainsi M. Ch. Regnault, le savant chimiste de la manufacture de Sèvres, avait écrit au prince impérial pour le prier, au nom de la science, de faire respecter son laboratoire; accédant avec empressement à cette demande, faite dans des termes très dignes, le prince impérial avait ordonné que l'on mît *sur la porte* du laboratoire de M. Regnault une inscription destinée à le préserver de tout pillage. Les soldats allemands entrèrent... par les fenêtres et saccagèrent tout.

Et combien d'autres faits du même genre nous pourrions citer!

INVENTAIRE
DES ŒUVRES D'ART

Les richesses artistiques de tout genre que renfermait le château de Saint-Cloud en faisaient un véritable musée, dont la destruction est pour l'art français une perte irréparable. Mignard, Lemoyne, Coypel, Alaus, avaient couvert ses murailles de peintures admirables, dont quelques-unes étaient des chefs-d'œuvre. La galerie d'Apollon, décorée par le premier, était une merveille qui soutenait la comparaison avec la galerie célèbre du même nom à Versailles; les autres salons, ceux de Diane, de Vénus, de Mars, de Mercure, n'étaient point indignes de ce voisinage et formaient un ensemble décoratif admirable, complété par une quantité de tableaux de grand prix appartenant à toutes les écoles et d'œuvres d'art d'un prix inestimable. Fort heureusement, avant l'occupation prussienne, la plus grande partie de ce qui pouvait être enlevé avait été transportée à Paris, par les soins de l'administration du palais et par ceux du garde-meuble.

Dans une lettre adressée en 1874 par le régisseur du palais au président du conseil de guerre qui jugeait Courbet, nous relevons sur ces opérations les détails suivants :

« Permettez-moi, mon colonel, dans l'intérêt de la justice, de rétablir les faits tels qu'ils se sont passés. Le dévouement ignoré des modestes employés du palais de Saint-Cloud doit être mis au grand jour, puisque M. Courbet s'adjuge gratuitement et *coram populo* toute la gloire d'avoir rendu au pays toutes ces richesses, qui seraient devenues la proie du vainqueur et que le ciel a préservées du pillage de messieurs de la Commune. Dès le 6 septembre, dans la nuit, M. Williamson, administrateur du mobilier national, m'envoyait huit voitures pour commencer le sauvetage des meubles les plus précieux; ce fut par mes soins et sous la direction de M. Commissaire, nommé gouverneur du palais de Saint-Cloud depuis le 5 septembre seulement, que tous les objets ayant une certaine valeur, soit historique, soit artistique, furent envoyés au garde-meuble à Paris; malheureusement le nombre des voitures mises à ma disposition fut trop restreint; mais, quoi qu'il en soit, tous les tableaux de prix, les tapisseries des Gobelins et quantité d'autres objets de grande valeur purent ainsi échapper au désastre. Le 17 septembre, je terminais en réquisitionnant, au nom de M. de Kératry, préfet de police, une voiture qui n'emportait rien moins que huit grands tableaux de Joseph Vernet et quatre lustres en cristal de roche.

« Quant aux personnages du gouvernement du 4 septembre, le *seul* qui se soit présenté vers le 10, ce fut M. Rochefort qui, dans sa promenade rapide dans le palais, ne trouva digne d'être enlevé que la *Sapho* de Pradier, la *Nuit* de Pollet et un tableau de Nattier, qui était déjà préparé pour être emporté. »

Malheureusement le temps fit défaut et l'on dut abandonner un certain nombre d'œuvres d'art que les Prussiens ont prises ou que le feu a détruites.

Nous en avons, sur des documents officiels inédits, dressé un inventaire détaillé par galerie et salons.

ARCHITECTURE.

Le palais de Saint-Cloud avait été bâti en 1660 sur l'emplacement de la villa de Gondi, achetée de Barthélemy Hervard, contrôleur des finances, d'une manière assez plaisante. A la suite d'une fête donnée par Hervard à Louis XIV et à Mazarin, celui-ci demanda au Turcaret, qui avait sur la conscience de nombreuses malversations, ce que lui avait coûté cette splendide habitation. « Cent mille écus, » répondit Hervard, pensant qu'il était prudent de diminuer sa fortune. Le lendemain un contrat de vente lui était *signifié*, pour ainsi dire, au nom de *Monsieur*, frère du roi; et le contrôleur général dut céder pour ce prix dérisoire sa villa, qui lui avait coûté plus de deux millions[1].

Monsieur fit de Saint-Cloud, auquel il avait annexé successivement un certain nombre de pro-

1. On trouvera des détails plus complets sur le passé historique du château dans le volume : *le Château de Saint-Cloud*, in-18, que nous avons publié antérieurement.

priétés voisines, une habitation princière. Il confia la construction du château à Girard et à Lepautre. Le principal corps de logis, élevé sur les dessins du premier, comprenait 48 mètres de façade sur 24 d'élévation et deux étages avec mansardes. Au centre se trouvait un avant-corps formé de quatre pilastres d'ordre corinthien, élevés sur un soubassement, au niveau du premier étage. Les pilastres supportaient un entablement décoré de quatre statues colossales représentant : *la Force, la Prudence, la Richesse* et *la Guerre*. Au-dessus était un attique, dans le fronton duquel se trouvait un cadran en pierre sculptée que découvrait *le Temps* avec l'aide d'Amours représentant les quatre parties du jour; au-dessus des croisées étaient des bas-reliefs d'une excellente exécution et d'un grand effet décoratif.

A cette façade, Lepautre avait ajouté deux ailes, qui se composaient d'un étage avec combles, aménagés en appartements et à demi cachés par une balustrade.

Au milieu étaient deux avant-corps avec quatre pilastres d'ordre dorique et un attique décoré dans le fronton de sculptures en haut relief, représentant à l'aile gauche *la Victoire*, à l'aile droite *la Paix*. La décoration de cette partie des bâtiments comprenait, en outre, huit statues placées dans des niches, entre les croisées du centre et représentant, à droite : *Mercure, Callimaque, Bacchus* et *Hébé;* à gauche, *Momus, la Paix*, une *Bacchante* et *la Richesse*. Ces statues étaient l'œuvre de Cadène et de Lepautre.

Les façades de ces deux ailes, parallèles à la façade du corps principal, étaient décorées chacune d'un attique dans le fronton duquel étaient placées les armes du fondateur de Saint-Cloud, Philippe de France, avec cet emblème fatidique : *Une grenade qui éclate en l'air* et la devise : *Alter post fulmina terror*. Au premier étage était un vaste balcon d'où la vue planait sur Boulogne, la Seine, et les coteaux d'Issy et de Meudon.

La façade de l'aile gauche, du côté du bassin du Fer-à-Cheval, présentait des différences sensibles, notamment au rez-de-chaussée. L'avant-corps du milieu avait une grande saillie, et sur toute la longueur régnait un large portique. La façade du côté de l'orangerie n'offrait aucun intérêt au point de vue architectural.

Lorsqu'elle eut acquis Saint-Cloud, en 1784, de Louis-Philippe d'Orléans, la reine Marie-Antoinette fit opérer, par son architecte Micque, des remaniements qui modifièrent d'une manière sensible la physionomie primitive du château. La façade de Girard, sur la cour d'honneur, les pavillons de Lepautre furent conservés; on respecta également la galerie d'Apollon, le salon de Mars, le salon de Diane, à cause des peintures des grands artistes qui les décoraient; mais tous les grands appartements, les salons d'apparat furent transformés complètement. On construisit une nouvelle chapelle dans l'angle formé par la galerie d'Apollon et le salon de Diane, du côté de Montretout. Le grand escalier de Mansard, placé sur la gauche et formé de deux rampes monumentales, dont les balustrades et les pilastres étaient de marbre, fut transporté dans l'ancienne chapelle, convertie en salle d'attente pour les grands appartements et la galerie d'Apollon.

Le salon d'Armide, décoré de superbes peintures de Pierre, représentant les cinq actes d'*Armide,* était sacrifié à la mode des petits boudoirs discrets et parfumés. On doubla la partie de l'aile gauche au delà de l'avant-corps, du côté du bassin du Fer-à-Cheval, et l'on augmenta également de près de moitié le bâtiment du milieu, du côté de l'orangerie, en supprimant, entre les parterres et le château, les fossés et les murs qui lui donnaient un aspect bizarre de forteresse d'opéra-comique.

Napoléon Ier, qui habita Saint-Cloud pendant une grande partie de son règne, n'y fit exécuter que des travaux d'aménagement sans grande importance. Il en fut de même sous Louis XVIII et Charles X; mais Louis-Philippe, qui avait à un haut degré « la manie de la bâtisse », apporta dans la distribution intérieure de nouvelles et nombreuses modifications et entreprit dans les dépendances une quantité de travaux dont il confia la direction à l'architecte Fontaine. Néanmoins, pendant son règne ainsi que sous le second Empire, le château conserva sa physionomie architecturale du temps de Marie-Antoinette.

GALERIE D'APOLLON

D'APRÈS la chronique, cette admirable galerie d'Apollon, l'ornement du palais de Saint-Cloud, était due à la jalousie de *Monsieur*, frère de Louis XIV, qui voulut rivaliser avec lui de magnificence. Lebrun avait, sur les ordres du roi, créé à Versailles des merveilles; le duc d'Orléans fit venir Mignard de Rome et lui confia le soin d'éclipser ou tout au moins d'égaler son rival. Mignard réussit à faire une œuvre qui n'avait pas à souffrir de la comparaison avec celle de Lebrun. Il couvrit la galerie mise à sa disposition de peintures admirables, dont voici l'énumération succincte :

Au-dessus de la porte d'entrée :

Naissance d'Apollon et de Diane.

Latone implore Jupiter qui change en grenouilles les paysans de Lycie.

Au milieu de la voûte :

Apollon, dieu du jour.

Le Triomphe du soleil.

A droite et à gauche de la voûte :

Les Quatre Saisons;

Le Printemps;

Flore et Zéphire;

L'Été;

Les Fêtes de Cérès;

L'Automne;

Les Fêtes de Bacchus;

L'Hiver;

Borée et ses fils.

A l'extrémité de la galerie au-dessus des fenêtres :

Le Parnasse;

Apollon et les Muses.

Dans le milieu de la voûte, entre les grands tableaux :

1° *Circé, fille du Soleil;*

2° *Clymène conduit son fils Phaéton à Apollon;*

3° *Apollon montre à la Vertu le temple de l'Immortalité;*

4° *La Chute d'Icare.*

Entre les grands tableaux à gauche et à droite de la voûte, huit groupes de figures peintes en camaïeu, stuc et bronze, représentant les sujets suivants :

1° *Apollon et la Sibylle;*

2° *Apollon et Esculape;*

3° *Apollon et Pan;*

4° *Apollon et Marsyas;*

5° *La Nymphe Coronis;*

6° *Daphné;*

7° *Cyparine;*

8° *Clytie.*

Au-dessus des portes et des fenêtres, des médaillons :

Louis XIV avec cette devise : *Satis opus;*

Louis de France, le grand Dauphin : *Coram micat unus;*

Louis XIV; un porc-épic sur un bouclier : *Tot tela quot hostes;*

Marie-Thérèse d'Autriche, reine de France, emblème et devise : la lune, *Todos me miran yo á uno;*

Louis XIV; le soleil : *Nec pluribus impar;*

Louis XIII, le soleil : *Ne rorem et fulmina.*

Anne d'Autriche, une grenade : *Mon prix n'est pas de ma couronne;*

Philippe de France, une grenade qui éclate dans l'air : *Alter post fulmina terror;*

Élisabeth-Charlotte de Bavière, duchesse d'Orléans; emblème, la flamme enflammée sur l'autel : *Castis aliter curis;*

Philippe de France; des abeilles et leur reine en tête : *Et solo jubet exemplo;*

Philippe d'Orléans, régent du royaume; un aiglon qui s'échappe de son nid : *Et jam spe fulminis ardor;*

Anne-Marie d'Orléans; une rose dans un vase : *Je suis désirée en naissant.*

Tout cela est détruit; la perte est irréparable pour l'art français. Mignard avait mis dans cette œuvre tout son talent, toutes les ressources de son imagination ardente, servie par une habileté de main peu commune. Dans son *Histoire des peintres,* M. Charles Blanc apprécie en ces termes le plafond de la galerie d'Apollon :

L'histoire d'Apollon, depuis le moment où il vient au monde sur les genoux de Latone jusqu'à celui où il préside aux concerts des Muses sur le Parnasse, fut le sujet que Mignard se proposa, et il le remplit avec pompe, avec abondance, avec une grâce toute française, y faisant entrer les idées les plus ingénieuses; se souvenant, à propos de Carrache et de Jules Romain, du palais de Farnèse et de Mantoue, et jamais il n'employa des tons plus clairs, plus brillants et plus chauds.

Des deux côtés de la galerie, il représenta *les Saisons,* et sut les caractériser, comme il avait fait pour les Muses, non pas sans doute avec ce fier accent qu'y aurait mis le Poussin, mais avec un goût parfait dans l'ordonnance, l'arrangement des groupes, l'action des figures, et une convenance exquise dans le choix des ornements. Tout ce que permet de richesses ce style d'apparat, tout ce que la poésie, la fable, la tradition pouvaient fournir de gracieux sur des sujets si difficiles à rajeunir, Mignard le mit en œuvre. Pour exprimer *le Printemps,* il choisit l'hymen de Flore et de Zéphire, qu'il peignit entourés d'Amours se jouant avec les Napées et les Dryades, en composant des guirlandes pour la reine des fleurs. *L'Été* fut, pour le peintre, l'occasion de représenter un sacrifice à Cérès. Il se plaît à chercher, parmi les plus belles dames de la cour, celles qui figuraient, dans sa composition, comme prêtresses de la déesse des moissons. Ses ressemblances favorites étaient celles de sa fille, de Mlle de Théaulon, de Mme du Ludre, de Mme d'Armagnac. Il comprenait le piquant que donnerait a ses compositions l'empressement de tant de jolies femmes à y trouver des allusions à leur beauté. *L'Automne,* c'est le triomphe de Bacchus et d'Ariane sur un char attelé de panthères. On y voit danser, avec l'inévitable Silène, Bacchantes et Sylvains, couronnés de pampres, ivres de vin et d'amour. *L'Hiver* n'a rien ici de particulier que sa tristesse convenue, et n'a fait naître dans l'esprit du peintre que les images banales des Aquilons et de Borée soufflant des frimas du fond de leurs poitrines mythologiques, des Hyades inondant les campagnes, et de Vulcain qui présente à Cybèle un brasier, tandis que, aux pieds de la déesse, sont couchés des lions, transis, mornes et abattus. Quand il fallut peindre le grand plafond qui sert de couronnement à tout l'ouvrage, Mignard laissa faire en lui le courtisan : il peignit le soleil sous les traits de Louis XIV conduisant un superbe quadrige, et précédé de l'Aurore qui dissipe les ombres de la nuit avec des doigts de rose qui étaient ceux de Mlle Mignard.

De ce magnifique plafond, l'une des œuvres les plus remarquables qu'ait produites la peinture décorative, *les Quatre Saisons* seules avaient été gravées par J.-B. Poilly.

La galerie d'Apollon contenait en outre, environ quatre-vingts tableaux de maître, qui ont pu être tous sauvés et dont voici l'énumération :

CANALETTO.

Neuf vues de Venise :

La Place Saint Marc ;

L'Église Saint-Zacharie ;

Venise ;

Une Fête devant le palais ducal ;

Le Palais ducal ;

L'Escalier des géants ;

Le Doge de Venise se rendant à l'église de Santa-Maria-Della-Salute ;

Le Doge de Venise sur le Bucentaure, abordant à l'île de Lido ;

La Place Saint-Marc et le Palais ducal.

COYPEL (Antoine).

Allégorie à la gloire de Louis XIV.

COYPEL (Nicolas).

Diane et la Nymphe Eucharis.
Apollon et Vénus.
Vénus demande des armes à Vulcain.
Ariane.

RYSBRACK (Pierre).

Chasse au loup.
La Chasse au cerf.

DUMONT (Jacques dit LE ROMAIN)

La Paix, figure allégorique.
La Force, figure allégorique.

VÈRNET (Claude)

Une Marine.
Paysage : *Le Soir,* effet d'orage.
Paysage : *La Bergère des Alpes.*

WATTEAU (École de).

La Leçon de musique.

PANNINI (Giovani-Paolo)

Les Vendeurs chassés du temple.
La Piscine.

BERTIN (Nicolas).

Acis et Galathée.
Jupiter et Danaé.
Jupiter et Léda.
Persée et Andromaque.
Psyché abandonnée par l'Amour.

BOUCHER (François)

L'Enlèvement d'Europe.

BOUCHER (École de)

Jeux d'enfants.
La Pêche.

VAN SPAENDONCK (Gérard)

Des Fleurs dans une corbeille.

VANDAEL (Jean-François).

Fleurs et fruits.

MAROT (François).

L'Enlèvement de Déjanire.
Jupiter et Sémelé.

MOUCHERON (Isaac).

Paysage.

ROBERT (Hubert).

Paysage : Ruines d'un temple.
Paysage : Un Pont sur un torrent.

GIORDANO (Lucca).

Allégorie à la gloire des arts.

VAN DER MEULEN.

La Bataille de Cassel, esquisse du tableau original qui se trouve au Louvre.

Saint-Omer : Vue du côté du fort de Bournonville, assiégé et pris par l'armée du roi sous le commandement de Monsieur, duc d'Orléans, en avril 1677. Esquisse du tableau original.

LEMOYNE (François).

Hercule et Cacus.

VERDIER (François).

Vénus et Adonis.

LA HIRE (Laurent de).

Paysage : L'Anesse de Balaam.

NATOIRE (Charles).

La Charité.

Agar dans le désert.

Zéphire.

Triomphe de Bacchus.

RAOUX (Jean).

Pygmalion.

DUCHESNE.

Anne d'Autriche, reine de France et de Navarre.

RESTOUT (Jean).

Nymphes se réfugiant dans les bras de Diane.

VICENTINI (Antonio).

Vue du Grand Canal, à Venise.

DETROY fils (Jean-François).

Hercule délivre Prométhée.

ALLEGRAIN (Étienne).

Paysage.
Paysage.

VAN OS.

Fleurs.
Fleurs et fruits.

BOULLONGNE (Bon).

Pan et Syrinx.

MARIESCHI (Jacopo).

Vue de Venise : Entrée du Grand Canal.

BELLOTTO (Bernardo).

Vue de la grande salle des séances au palais ducal de Venise.

REGNAULT (J.-B.)

Scènes du déluge.

GASTIELS.

Paysage.
Vue de Paris vers 1560 : la tour de bois ou du

grand prévôt; la galerie du Louvre; la tour de Nesle.

ÉCOLE FRANÇAISE.

INCONNUS.

Paysage.

Paysage.

Vue de Malte prise devant le fort Manoël.

Vue de Malte prise devant le fort Saint-Elme.

Allégorie à la gloire de Louis XIV.

Paysage : Apollon gardant les troupeaux d'Admète.

Halte de voyageurs à la porte d'une auberge.

Jeux d'enfants.

Portrait de femme, époque Louis XIV.

Id.

Diane.

ÉCOLE FLAMANDE.

INCONNUS.

Intérieur de corps de garde.

Officier de troupes espagnoles du temps de Louis XIII.

Tous ces tableaux ont pu être sauvés, ainsi que vingt-deux meubles de Boule authentiques et divers objets d'art, à l'exception, toutefois, d'une statue de la *Méditation,* en marbre, portrait de l'impératrice Joséphine, dont il existe un moulage en plâtre au musée de Versailles, et qui, légèrement endommagée par le feu, a été mutilée par les Prussiens... après l'armistice! Les tableaux et les meubles sont actuellement au musée du Louvre.

SALON DE VÉNUS

Ce salon était orné d'un plafond par François Lemoyne, *Junon emportant la ceinture de Vénus,* et de deux dessus de porte par Jean Nocret, *la Paix et la Science.* Ils sont complètement détruits.

Les cinq grandes tapisseries des Gobelins représentant les sujets suivants :

1° *Philippe de France, duc d'Anjou, déclaré roi d'Espagne,* d'après Gérard;

2° *Naissance de Marie de Médicis,* d'après Rubens;

3° *Henri IV délibère sur son futur mariage,* d'après Rubens;

4° *Mariage de Marie de Médicis,* d'après Rubens;

5° *Portrait en pied de Marie de Médicis sous les traits de Bellone,* d'après Rubens;

Ont pu être enlevées, ainsi que les objets d'art, avant l'arrivée des Prussiens. Elles ont fait partie de l'Exposition de tapisseries organisée, en 1876, au palais de l'Industrie, par la société l'Union centrale des beaux-arts. Toutefois une pendule monumentale en forme d'obélisque, un véritable chef-d'œuvre, qu'on n'avait pas eu le temps de mettre en lieu sûr, a été prise par un général prussien.

SALON DE MARS

Le salon de Mars, précédant la galerie d'Apollon, avait été peint par Mignard, qui avait représenté, au plafond, *l'Olympe;* dans les voussures, du côté du jardin, *Mars et Vénus,* gravé par J.-P. Poilly; du côté des appartements, *la Forge de Vulcain en Sicile,* gravé par le même; dans les dessus de porte : 1° *la Jalousie et la Discorde,* gravé par Jean Audrand; 2° *les Plaisirs des jardins,* gravé par son frère Benoît.

De l'avis de M. Charles Blanc, extrait de l'ouvrage précité, ce plafond était l'une des plus belles choses qui se pussent voir en fait de peinture décorative.

« Comme il (Lebrun) avait peint le paradis, Mignard voulut peindre l'Olympe. Les dieux sont rassemblés au moment où Mars et Vénus vont être enveloppés dans les rets que Vulcain a préparés. Ici, c'est la forge enflammée des Cyclopes; là, ce sont les Amours qui traînent en riant la pesante épée du dieu de la guerre, et soulèvent de leurs petites mains son épais bouclier. Inutile d'ajouter que Mignard, dans ce ciel profane, a prodigué les carnations brillantes, les vives et fraîches couleurs, Vénus, Diane et Junon ne pouvant être peintes avec les mêmes tons et dans le même sentiment que les vierges chrétiennes du Val-de-Grâce, qui, à la suite de sainte Thérèse, aspirent aux joies du paradis. »

Au salon de Vénus se rattachent deux incidents qui marquèrent dans la vie de Mignard et qu'à ce titre nous croyons devoir rappeler. Pendant que le rival de Lebrun était occupé à peindre *l'Olympe,* il lui arriva un accident qui faillit lui coûter la vie et dont l'auteur fut *Monsieur* lui-même. Impatient de juger de l'effet de son plafond, le duc d'Orléans donna l'ordre un beau jour d'enlever les échafaudages. A ce commandement inopportun, Mignard, tout en grommelant contre les fantaisies du prince, se hâta de descendre; mais, les mains embarrassées par sa palette et ses brosses, il fit une chute qui le cloua au lit pendant plus de deux mois. Lorsque tout fut terminé, *Monsieur* invita Louis XIV à venir visiter Saint-Cloud. La cour était partagée entre Mignard et Lebrun; les uns tenaient pour le peintre de Versailles, les autres pour celui de Saint-Cloud. Il était évident que l'opinion du grand roi devait faire pencher la balance, et les deux rivaux ainsi que leurs partisans étaient, on le comprend, dans une anxiété profonde. Avant d'entrer dans le salon de Mars, Louis XIV s'avança vers Mignard, qui se tenait debout près de la porte, et lui dit du ton le plus affectueux : « Mignard, mon frère a dû vous dire combien j'ai pris part à votre accident et combien de fois je lui ai demandé de vos nouvelles. » — Cet accueil flatteur de la part du roi, qui n'en était pas prodigue, parut d'un bon augure à Mignard ; Louis XIV examina tous les salons et la galerie d'Apollon avec le plus grand soin. Sa visite terminée, il se tourna vers sa suite : « Messieurs, je souhaite fort que les peintures de mes galeries de Versailles répondent à la beauté de celles-ci. » L'éloge était délicat ; le roi rendait hommage au talent de Mignard sans blesser Lebrun. Cette visite valut au peintre de Saint-Cloud de peindre plus tard à Versailles les petits appartements et la galerie qui porte aujourd'hui son nom.

Le tableau en tapisserie des Gobelins, *Bonaparte premier consul*, d'après Gros, et quatre grands rideaux-portières en tapisserie des Gobelins, de 1694, tissés or et laine, ont pu être sauvés. Seul un meuble de milieu, en tapisserie de Beauvais, au chiffre de l'impératrice, surmonté d'un candélabre girandole supporté par des Amours tenant des corbeilles de fleurs, le tout en bronze doré, a été brûlé.

Dans l'antichambre de ce salon se trouvait un

grand plafond peint par Coypel, représentant *l'Histoire écrivant la vie de Philippe de France, duc d'Orléans.*

Le salon de Mars était orné de pilastres et de colonnes d'ordre ionique en marbre blanc d'une seule pièce.

SALON DE DIANE

Mignard avait décoré également ce salon d'un plafond admirable, *Diane, scène de la nuit,* accompagné de voussures : *la Toilette, la Chasse, le Bain et le Sommeil de Diane.* Il n'en reste plus trace.

Sept portraits encastrés dans la muraille ont été brûlés :

Henri IV, Philippe de France, duc d'Orléans, par Franque, d'après un tableau du temps;

Louis XIII, Louis d'Orléans, par Badin;

Philippe d'Orléans, régent du royaume, par Casimir de Balthasar, d'après Hyacinthe Rigaud;

Louis-Philippe d'Orléans, par Wachsmutt, d'après Alexandre Roslin;

Louis-Philippe-Joseph d'Orléans, par Louis Boulanger, d'après Josué Reynolds.

Il a été, malgré tous les efforts, impossible de les enlever.

SALON DE LA VÉRITÉ OU DE FAMILLE

(AUTREFOIS SALON DE MINERVE).

Le plafond de ce salon, peint par Coypel, représentait *le Triomphe de la Vérité*.

Jean Nocret avait peint trois dessus de portes :

1° *La Justice;* 2° *la Gloire;* 3° *les Muses Calliope, Euterpe et Clio.*

Ils ont eu le sort commun.

Quatre grandes tapisseries des Gobelins, représentant les sujets suivants :

1° *La Ville de Lyon va au-devant de Marie de Médicis,* d'après Rubens ;

2° *Naissance de Louis XIII,* d'après Rubens ;

3° *Henri IV part pour la guerre d'Allemagne,* d'après Rubens ;

Réconciliation de Marie de Médicis avec son fils; d'après Rubens.

Ont été sauvées.

Le buste du duc de Reichstadt, qui se trouvait dans ce salon, a été pris par un officier prussien, qui a donné pour raison au régisseur du palais qu'il trouvait que le fils de Napoléon Ier lui ressemblait d'une manière frappante !!!

Suivant l'expression populaire, après cela il faut tirer l'échelle.

SALON DE MERCURE

PLAFOND, voussure et dessus de portes par Alaus, représentant :

Mercure et Pandore;

Les Noces de Thétis et de Pélée;

Le Jugement de Pâris;

L'Assemblée des dieux;

La Remise de la pomme à Pâris par Mercure;

La Prudence et la Force;

Brûlés entièrement.

Les cinq grandes tapisseries des Gobelins :

1° *Le Temps découvre la Vérité,* allégorie d'après Rubens;

2° *Marie de Médicis s'enfuit de Blois,* allégorie d'après Rubens;

3° *Marie de Médicis au pont de Cé,* allégorie d'après Rubens;

4° *Conclusion de la paix,* allégorie d'après Rubens;

5° *La Destinée de Marie de Médicis,* allégorie d'après Rubens;

Ont été sauvées, ainsi que trois superbes meubles en mosaïque de Florence, qui sont actuellement au Louvre, dans la galerie d'Apollon.

Le salon de l'Aurore contenait également un plafond assez remarquable de Nicolas Loir, qui a eu le sort de tous les autres.

Le grand tableau de Muller, représentant la réception de S. M. la reine Victoria à Saint-Cloud, en 1855, placé au-dessus des marches du grand escalier d'honneur, a été brûlé.

La *Sapho* de Pradier, qui ornait cet escalier depuis 1852, avait été fort heureusement enlevée depuis quelque temps et transportée au Louvre.

APPARTEMENTS DE L'EMPEREUR

A L'EXCEPTION de deux bustes du roi Louis et de l'impératrice Eugénie, par M. de Niewerkerke, qui ont été pris par les Prussiens et sont devenus la propriété du prince royal de Prusse, des vitrines, de la bibliothèque et de quelques meubles de peu de valeur, il ne restait plus rien dans les appartements de l'empereur. Tout avait pu être déménagé avant l'arrivée des Prussiens. Ce qui appartenait à la liste civile a été remis aux héritiers de Napoléon; on a placé le reste au musée du Louvre.

Voici un état complet de ce que contenaient les appartements de l'empereur au moment de la déclaration de guerre :

SALON DU CONSEIL DES MINISTRES.

Tableaux :
Halte en Alsace (Bellangé).
Le Soir, paysage maritime (Anastasi).

Le Repas du prince impérial avec les enfants de troupe à Longchamps (Yvon).

Bathilde, veuve de Clovis II, rend la liberté à de jeunes esclaves (J.-A. Laurent).

Jésus-Christ aux noces de Cana, peinture sur porcelaine (Inconnu).

Deux Paysages (Castelli).

Sainte Geneviève (A.-V. de Lisle).

CABINET DE TRAVAIL.

Tableaux :

Le Sommeil propice, panneau (Jordaens).

Jeune fille (École ancienne).

Napoléon Ier et Napoléon III enfant à Saint-Cloud (Inconnu).

Portrait de l'impératrice Eugénie (Winterhalter).

Portrait de la duchesse d'Albe (Idem).

Femme d'Éleusis (Henriette Brown).

La Vierge et l'Enfant Jésus endormi, panneau (École italienne).

La Sainte Famille, sur marbre noir (J. Stella).

Porcelaines de Sèvres ; objets d'art en matières précieuses appartenant au musée du Louvre et réintégrés le 8 septembre 1870 dans la galerie d'Apollon :

1. Une aiguière en sardoine gravée représentant l'arrivée des Argonautes en Colchide.

2. Un grand vase en sardoine avec pied et garniture en or émaillé.

3. Un vase en cristal de roche lactée, forme alcarazas; le milieu du vase est entouré d'une bandelette en vermeil travaillée à jour; perles et grenats fins enchâssés aux armes du connétable de Bourbon.

4. Une coupe agate héliotrope avec perles fines et grenats.

5. Un verre à boire en sardoine avec rubis balais en turquoises orientales.

6. Une lampe orientale en sardoine, garnitures en or, gravée d'arabesques avec pierres fines.

7. Une coupe taillée dans un seul grenat.

8. Une urne en améthyste.

9. Un petit vase sacré en sardoine, orné du monogramme I. M. H. S.

Divers objets, etc.

CHAMBRE A COUCHER.

Tableaux :

Portraits du prince impérial, du prince Eugène, de la reine Hortense, du roi Louis.

Un buste en marbre du grand-duc de Berg.

CABINET DE TOILETTE.

Deux cartels Louis XVI, actuellement déposés au Louvre.

SALON DE STUC.

Là se trouvait la collection d'armes appartenant à l'empereur et placée dans une vitrine en bois sculpté.

Ces armes étaient :

Un fusil à pierre, à deux coups, ayant appartenu à Napoléon Ier;

Un fusil à deux coups, sculpté, représentant sur ses diverses parties les douze travaux d'Hercule;

Plusieurs autres fusils très riches avec incrustations or, argent ou ivoire; un bouclier votif en acier ciselé, terminé par une statuette d'Hercule, orné de trois sujets en argent repoussé, représentant des allégories relatives à la proclamation de l'Empire;

Une hache d'armes;

Une masse d'armes.

Toutes ces armes avaient été enlevées, et sont actuellement en Angleterre, dans la résidence de Chislehurt.

APPARTEMENTS DE L'IMPÉRATRICE.

On avait, pour les appartements de l'impératrice, pris les mêmes mesures que pour ceux de l'empereur. Tout avait été enlevé, à l'exception de deux paysages de Gude et d'André placés dans le salon vert, de huit grands tableaux marouflés, dans l'antichambre.

Sur les parois du grand vestibule d'honneur, au-dessus du grand escalier conduisant à ces appartements, se trouvaient deux bas-reliefs de Lesueur, en pierre, de dimensions considérables et d'une très grande valeur artistique. Ils représentaient, l'un *Hippomène et Atalante,* l'autre *la Fête de Flore.* Le feu les a complètement calcinés; il n'en reste plus que des débris informes.

Dans l'antichambre, deux statues, représentant *le Sommeil* et *le Repos,* autant qu'il nous souvient, et dont les auteurs ne sont pas connus, étaient placées sur deux calorifères. Le prince royal les avait désignées pour être emportées. Elles ont été complètement brûlées.

Les appartements de l'impératrice contenaient, au moment de la déclaration de guerre, des richesses artistiques du plus grand prix. C'étaient :

CHAMBRE A COUCHER.

Deux commodes Louis XVI, splendides, au chiffre de Marie-Antoinette, transportées en août 1870 à Paris; une table guéridon en porphyre vert (ophite).

CABINET DE TRAVAIL.

Un bureau Louis XV en marqueterie avec bronzes dorés, unique en son genre, transporté à Paris en août 1870; le mobilier en bois doré et sculpté.

GRAND SALON.

Le grand tableau de Murillo représentant la *Sainte Famille,* transporté également par ordre de l'impératrice, à la même époque.

SALON VERT.

Le portrait de l'impératrice en costume Louis XV, par Winterhalter.

SALON ROUGE.

Le célèbre tableau de Comte :
Entrevue de Henri III et du duc de Guise;

Faust et Marguerite (Hammam);
La Prière et le Soir (Inconnu).

SALON DES VERNET.

Huit grands tableaux de Joseph Vernet, de 4 mètres de largeur sur 2 mètres de hauteur :

1° *La Nuit sur terre.* — Le feu d'artifice;
2° *Le Soir sur terre.* — Le retour du pêcheur;
3° *Le Coup de vent.* — L'orage sur terre;
4° *La Tempête.* — L'orage sur mer;
5° *Le Matin sur terre.* — Le départ du pêcheur;
6° *Le Soir à la mer.* — L'entrée du port;
7° *La Nuit à la mer.* — La promenade;
8° *Le Matin sur terre.* — Le départ pour la pêche.

Tous ces tableaux ont été sauvés.

La table-guéridon en bronze doré avec mosaïque de Rome représentant le bouclier d'Achille, donnée par le pape Pie VII à Napoléon Ier, l'a été également. Elle se trouve actuellement au Louvre.

GRAND SALON.

Tout le mobilier en tapisserie de Beauvais et en bois sculpté doré. (Styles Louis XV et Louis XVI.)

CHAMBRE A COUCHER.

Deux dessus de portes. Portraits d'*Élisabeth de Bavière* et de *Mme Henriette d'Angleterre,* par

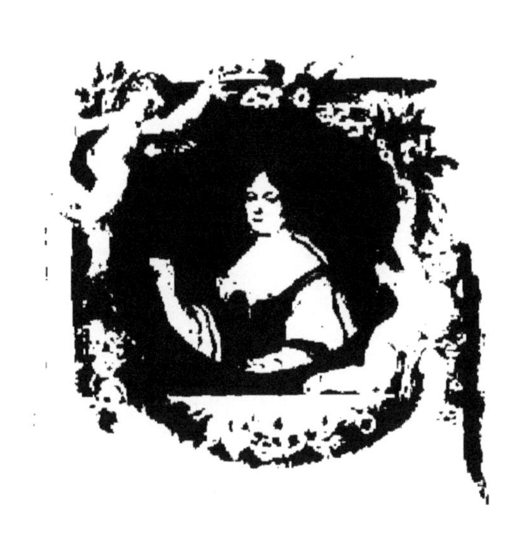

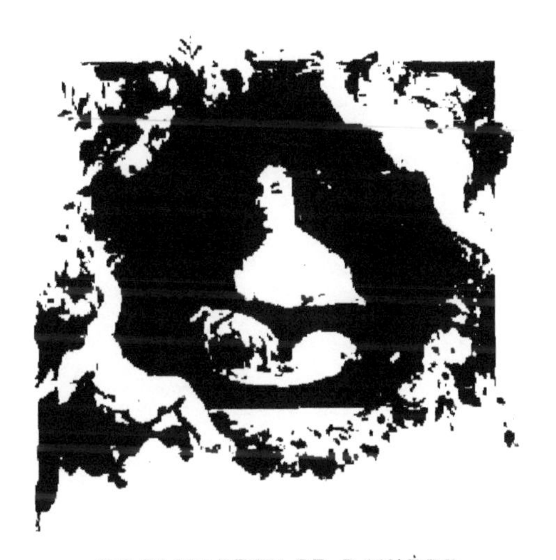

Mme ELISABETH DE BAVIÈRE
par Pierre Mignard

Mme HENRIETTE D'ANGLETERRE
par H Rigaud

Rousselle sc A. Quantin Imp. Edit.

Franque; le premier d'après Pierre Mignard; le second d'après Hyacinthe Rigaud;

Brûlés.

SALON.

Une tapisserie des Gobelins représentant Marie-Antoinette et ses enfants (d'après Mme Lebrun); quatre tableaux en tapisserie de Beauvais; les *Portraits de la princesse de Lamballe* et celui d'une *Fille de Louis XV* (Nattier);

Deux dessus de porte en tapisserie des Gobelins, d'après Boucher.

SALON D'ATTENTE.

Deux tableaux de Schlésinger et de Faustin.

APPARTEMENTS DU PRINCE IMPÉRIAL

Plusieurs tableaux des appartements du prince impérial ont été brûlés; ce sont : un tableau de Mme Hersent, *Marie de Médicis et Sully;* une *Vue d'Appignano,* par Ch. Remond; *le Doge de Venise en visite chez Paul Véronèse,* par E. Hammam; *Scène de famille,* par Schlésinger

Dans deux autres pièces se trouvaient des dessus de porte par Sauvage, *Deux muses,* et par Jean Gassier, *l'Aurore, Diane;*

Ils ont été brûlés.

CHAPELLE.

Le plafond était décoré de peintures en grisailles

par Sauvage. La sculpture des archivoltes était de Deschaud. Au maître-autel se trouvait un superbe bas-relief de marbre, sculpté par J.-Ph. Lesueur, l'auteur des deux bas-reliefs du grand escalier, *Hippomène* et *Atalante*. Le parquet était en marbre turquin.

Les toiles de Monnoyer et d'Hubert Robert qui ornaient le pavillon de Breteuil ont été brûlées ou volées, à part quelques-unes réintégrées au Louvre, mais criblées de balles.

Dans des casemates élevées en bas du parc, l'on a retrouvé des débris de tableaux qui avaient servi de toitures et de tapis.

La bibliothèque, fort importante, a été presque entièrement volée. Un certain nombre de volumes qui avaient pu être enlevés avant l'arrivée des Allemands ou qui ont été retrouvés après l'incendie ont été déposés à l'Arsenal ou à la bibliothèque de la réunion des officiers de la rue Bellechasse; mais les beaux ouvrages, les in-folio avec gravures, les éditions rares sont actuellement en Allemagne. Les soldats prussiens n'ont fait qu'imiter en cela leurs devanciers de 1815. On trouvera en appendice une pièce curieuse sur ce sujet, l'inventaire des ouvrages enlevés de la bibliothèque du château de Saint-Cloud pendant le séjour du quartier-général prussien en 1815, dressé par le bibliothécaire de Napoléon Ier, M. A. Barbier, et dont nous devons la communication à son fils, M. Louis Barbier, l'ancien directeur de la bibliothèque du Louvre.

Les Prussiens n'ont pas démenti à Saint-Cloud leur réputation légendaire. 230 pendules environ ont été prises par eux. Mais on ne s'explique vraiment point le caprice qu'ils ont montré en cette circonstance : la question d'intérêt ne paraissait nullement être leur mobile. Ils se contentaient d'enlever ou de briser le mécanisme et laissaient intacte la garniture. A ce propos on nous a cité un fait bien singulier : un général avait enlevé une pendule extrêmement curieuse, la seule qui existe peut-être. Cette pendule se compose d'une colonne autour de laquelle est enroulé un serpent; une coupe dont la panse sert de cadran et dans laquelle le serpent plonge la tête, surmonte la colonne. La perfection de l'exécution égale l'originalité de la forme. Un jour le régisseur du palais de Saint-Cloud fut prévenu par un médecin de Versailles qu'un général prussien lui avait donné cette pendule comme témoignage de reconnaissance pour les bons soins qu'il lui avait accordés pendant une maladie. La pendule était veuve de son mouvement!! elle a été rendue au mobilier du palais de Saint-Cloud. Une pendule astronomique de Robin, commandée par Louis XVI, et qui n'avait pas coûté moins de 30,000 francs, a disparu.

M. Schneider a recueilli avec un soin pieux tous les objets qui ont été retrouvés dans les ruines et en a formé une collection qui, au point de vue historique, a une grande valeur. Il y a là, entre autres choses intéressantes, un médaillon de bronze à la cire perdue de Gonon, représentant un nid dans un bouquet de lilas qui est bien la chose la plus curieuse qui se puisse voir. Le feu, en oxydant le bronze, lui a donné une teinte de marbre avec la patine du temps. Tous les détails de la composition, le moindre pétale, le plus petit brin d'herbe, ressortent avec une intensité saisissante. Certaines assiettes de porcelaine offrent également une particularité étrange. Comme elles avaient fait partie d'un service commandé par Louis-Philippe, elles portaient le chiffre du roi. La République de 1848 l'avait fait effacer, et là-dessus l'empereur, en les utilisant, y avait fait peindre ses armes. Le feu a fait ressortir le chiffre de Louis-Philippe qui forme ainsi avec celui de Napoléon l'accouplement le plus étrange. On y trouve des débris de bronzes, de ferrures artistiques, de marbres précieux, de statuettes calcinées, de groupes mutilés, des fragments en assez bon état de bas-reliefs en marbre provenant d'un meuble et attribués à l'École de Tours, quelques armes, etc., quelques pendules anciennes, entre autres celle à colonne dont nous avons raconté l'odyssée, le nécessaire de bureau de Napoléon III, un ceinturon avec buffleterie d'un piqueur trouvé récemment sur un des soldats inhumés dans les jardins réservés. Mais l'objet le plus intéressant est, sans contredit, une statuette en plâtre stéariné représentant Béranger. Cette statuette a une véritable légende, peu connue, sinon inédite.

Dans les dernières années de sa vie, Béranger, pauvre, retiré à Passy, fut informé officiellement que l'empereur lui accordait une pension nationale. Il refusa énergiquement, ses opinions républicaines ne lui permettant pas, dit-il, d'accepter une pension d'un gouvernement dont il n'était ni serviteur ni partisan. Mais le poète ne crut pas que ses convictions le dispensaient d'un devoir de bienséance et de politesse. Il savait que c'était sur les instances de l'impératrice que la pension lui avait été offerte. Un jour qu'il était certain de la trouver seule, il se présenta à Saint-Cloud.

L'impératrice reçut le grand chansonnier avec les marques d'une extrême déférence, et s'entretint avec lui en particulier assez longuement. La question de la pension fit naturellement les frais de la conversation; au moment de se retirer, Béranger qui avait apporté un petit paquet soigneusement enveloppé, ce qui n'intriguait pas peu l'impératrice, l'ouvrit et en tira une petite statuette de Carrier, le représentant assis dans son fauteuil. Il s'avança vers l'impératrice, et, lui offrant cette statuette, il lui dit : « Madame, veuillez me faire l'honneur d'accepter cela, comme témoignage de reconnaissance d'un pauvre poète. Je ne suis pas riche, et c'est tout ce que je possède de plus précieux. »

Le soir même, la statuette de Béranger était placée bien en évidence dans le grand salon de réception de l'impératrice, et c'est de la bouche de Sa Majesté même que l'on apprit cet incident touchant, et aussi honorable pour Béranger que pour l'impératrice.

Cette statuette a été découverte dans les décombres du grand salon, sous une épaisse couche de plâtras; malheureusement, en la mettant à jour, la pioche de l'ouvrier a brisé le bras droit et écorné le pied gauche. Nous avons vu dans ce petit musée l'épreuve photographique, unique, de la médaille que l'empereur se proposait de faire frapper en commémoration du plébiscite de 1870 et dont l'exécution avait été confiée à M. Oudinée.

Mais ce n'est pas seulement au point de vue historique que cette collection présente un grand intérêt. Elle peut être utile à consulter par les chimistes et les géologues. Le feu a fait subir aux marbres, aux pierres précieuses, des transformations chimiques très curieuses, et évidemment intéressantes à étudier : les marbres roses sont devenus blancs; les blancs, roses; le verre, combiné avec toutes sortes de métaux, présente des teintes extraordinaires, dont l'industrie pourrait tirer parti.

Maintenant que va-t-on faire des ruines du

palais? Les rasera-t-on? ou seront-elles laissées en l'état actuel? Aucune décision ne paraît prochaine; personne ne s'occupe de cette question; quels que soient les souvenirs qui s'y rattachent, ces ruines modernes ne présentent évidemment pas une attraction telle que l'on doive les conserver. Il n'y a pas, en outre, urgence de reconstruire le palais de Saint-Cloud. A quelle destination pourrait-on utilement l'affecter? A un musée? Nous ne voyons pas trop quels éléments on y pourrait réunir, pour en créer un qui attire le public. D'autre part, l'expérience a surabondamment démontré l'inconvénient de ces musées *extra-muros*. Le gouvernement républicain n'a pas besoin non plus de palais de villégiature. A notre avis, il n'y a donc guère d'autre solution logique que celle du rasement complet des ruines, sur l'emplacement desquelles on pourra créer une terrasse, ou des jardins accessibles à la population parisienne.

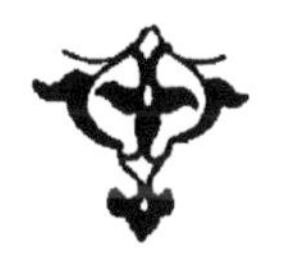

ÉTAT DES OUVRAGES

ENLEVÉS A LA BIBLIOTHÈQUE

DU CHATEAU DE SAINT-CLOUD

PENDANT LE SÉJOUR DU QUARTIER GÉNÉRAL PRUSSIEN

EN 1815

ADAM. L'Avocat du Diable, *Saint-Pourçain*, 1743, *2 vol. in-12.*

ALZABINCUFRAN. Vie d'Almanzor, *Amsterdam*, 1671, *1 vol. in-12.*

AMBLEMONT (comte d'). Tactique navale, *Paris, Didot*, 1788, *1 vol. in-4.*

ANCILLOU. Révolution du système politique de l'Europe, *2 vol. in-8.*

ANDRIEUX. Contes et opuscules en vers et en prose.

ANGOULÊME (le duc d'). Mémoires particuliers pour servir à l'histoire de Henri III et de Henri IV, *Paris, Thiers*, 1668, *1 vol. in-12.*

APULEE. L'Ane d'or.

ARCHENHOLTZ. Guerre de Sept Ans, *Metz, Deville*, 1789, *2 vol. in-12.*

ARCON-MICHAUD. Considérations militaires sur les fortifications, *Paris*, 1806, *in-8*.

ARCY (d'). Essai d'une théorie d'artillerie, *Paris*, 1760, *in-8*.

ARIOSTE. Roland *(texte original)*, *Paris*, 1768; *Venise*, 1585.

— Traduction, *10 vol. in-12*.

— Élégies, *traduction de Letourneur*, *1 vol. in-8*.

ARTHUR O'CONNOR. État actuel de la Grande-Bretagne *Paris*, 1804, *in-8*.

BAADER. Projet d'une nouvelle machine hydraulique, *Paris*, 1806, *1 vol. in-4*.

BACHAUMONT. *1 volume* des Mémoires secrets.

BAIVEL. Pièces historiques de Dunkerque, *Dunkerque*, 1792, *in-8*.

BAKALOWITCH. Essai sur les fortifications, *Varsovie*, 1769, *1 vol. in-12*.

BARÈRE. Les Anglais au XIXe siècle, *Paris*, 1806, *in-12*.

BARON. Théâtre, *Paris*, 1759, *3 vol. in-16*.

BASSOMPIERRE. Nouveaux Mémoires recueillis par le président Hénault, *1 vol. in-8*.

BAUDAN. Guerres de Nassau, *Amsterdam*, *Collin*, 1616, *2 vol. in-4*.

BAUDOT DE JUILLY. Histoire de la conquête d'Angleterre par Guillaume, *Paris*, *1 vol. in-12*.

BEAUMARCHAIS. Le Barbier de Séville, Figaro, la Mère coupable.

BELAIR. Éléments de fortification, *Paris*, *Magimel*, 1790, *1 volume*.

BELCOURT. Relation d'un officier français au service de la Confédération de Pologne, *à Amsterdam*, 1776, *1 vol. in-8*.

BELIDOR. La Science des ingénieurs, *Paris*, *Imbert*, 1729, *2 vol. in-8*.

BELIN DE MONTORRI. Lettres turques, *Paris, Duchesne,* 1764, *in-12, 1 volume.*

BELAIRE. Opérations du général de la division française du Levant.

BERCHOUX. La Gastronomie, *1 vol. in-12.*

BERQUIN. Idylles, *Paris,* 1775, *1 vol. in-12.*

BERTHOLLET. Essai chimique, *Paris, Didot,* 1803, *2 vol. in-8.*

BERTIN. Œuvres, *Paris, Marchand,* 1810, *2 vol. in-18.*

BERTIN. Quelques observations critiques, philosophiques et médicales sur l'Angleterre, *Paris,* 1801, *1 vol. in-12.*

BETZKY. Plans et statuts de Catherine II, sur l'éducation, 1777, *2 vol. in-8.*

BEVY. Histoire des inaugurations, *Paris, Moutard,* 1776, *1 vol. in-8.*

BLACKWOOD. Martyre de la reine d'Écosse, *Édimbourg,* 1588.

BLAIR. Tablettes chronologiques, *traduction de Bautereau, Paris,* 1796, *1 vol. in-4.*

LA BLETTERIE. Vie de Julien, 1735, *1 vol. in-12.*

BLUMENTHAL. Vie de Luther, *Berlin,* 1803, *2 vol. in-8.*

BOCCACE. Décameron, *texte, Louviers,* 1757, *5 vol. in-8.*

— Contes, *traduction, Louviers,* 1779, *10 vol. in-8.*

— Nouvelles, *traduction, Paris,* 1802, *4 vol. in-8.*

BOIS-GUILBERT. Testament politique de Vauban, 1707, *2 vol. in-12.*

— Dettes de la France, 1699, *1 vol. in-12.*

BOISMONT (DE). Oraisons funèbres, *Paris,* 1805, *1 vol. in-8.*

BONNEVILLE. Histoire de l'Europe moderne, *Genève,* 1789, *2 vol. in-8.*

BONAMY. Opérations de la campagne de Naples, *Paris, 1 vol. in-8.*

Du Bos. Réflexions critiques sur la poésie, *Paris*, 1770, *3 vol. in-12.*

Bossuet et Fenelon. Principes de la souveraineté, *Paris*, 1799, *1 vol. in-8.*

Bouchaud. Commentaires de la loi des Douze Tables, *Paris*, 1803, *2 vol. in-4.*

Boucher. Apologie de J. Châtel, *Paris*, 1594, *1 vol. in-8.*

Boufflers. Œuvres, *Paris*, 1805, *2 vol. in-16.*

Bouhours. Histoire d'Aubusson, *Paris*, 1706, *1 vol. in-4.*

Boulainvilliers. Histoire des Arabes, *Amsterdam*, 1731, *1 vol. in-12.*

Bourbon. Siège de Rhodes, *Paris*, 1525, *1 vol. in-4.*

Bourcet. Mémoires sur les frontières de France et de Piémont, *Paris, an X, 1 vol. in-8.*

Bourdais. Portrait de Frédéric, *Paris*, 1747, *1 vol. in-12.*

Du Bourdieu. L'orgueil de Nabuchodonosor, abattu par la main de Dieu, *Amsterdam*, 1707, *1 vol. in-8.*

Bourgoin. Pressoir des éponges du Roy, *Paris*, 1690.

Brandi. Chronologia de Sommi Pontifici, *Rome*, 1605, *1 vol. in-4.*

Brasseur. Vue de l'Inde, *Paris, Didot*, 1790, *1 vol. in-12.*

Bremond. Haltige ou Mémoire du roi de Tamaran, *Cologne*, 1676, *1 vol. in-12.*

Bressan. Le Putanisme, *Cologne*, 1670, *1 vol. in-12.*

Brioude. Observations sur les eaux de Bourbon, *Paris*, 1788, *1 vol. in-8.*

Brizard (l'abbé). Amour d'Henri IV pour les Lettres, *Paris*, 1781, *1 vol. in-18.*

— Discours sur le caractère de Louis XI, *Paris*, *2 vol. in-8.*

Le Brun. Révolution de l'Amérique anglaise, *Paris*, *an IX, 1 vol. in-8.*

BUISSON (DU). Considérations sur Saint-Domingue, *Paris, Jaubert*, 1780, *2 vol. in-8.*

BULOW. Campagne de 1800 en Allemagne, *1 vol. in-8.*

BUSCHING. Caractère de Frédéric, *Berne, Halles*, 1788, *1 vol. in-8.*

BUSSY-RABUTIN. Amours des dames illustres de notre siècle, *Cologne*, 1680, *1 vol. in-12.*

BUTEL-DUMONT. Histoire et commerce des colonies anglaises, *Paris, 1 vol. in-12.*

— Histoire et Commerce des Antilles, 1758, *1 vol. in-12.*

CALMET (dom). Histoire de Lorraine.

CAMPERTIS. Dictionnaire forestier, *Paris, an X, 1 vol. in-12.*

CARLES. Épître sur le procès d'Anne de Boulen, *Lyon*, 1545, *1 vol. in-8.*

CARLES DE LA ROSIÈRE. Campagne de Créqui, *Paris*, 1764, *1 vol. in-8.*

— Stratagème de guerre, *Paris*, 1756, *1 vol. in-4.*

CARRÉ. Panoplie, *Paris*, 1795, *1 vol. in-4.*

CATHERINE II. L'Antidote, *Lausanne*, 1799, *1 vol. in-8.*

— Instruction pour la rédaction d'un nouveau code, *Lausanne*, 1769, *1 vol. in-12.*

CATULLE. Traduction de Noël, 1803.

CERVANTES. Nouvelles espagnoles, *Paris*, 1778, *2 vol. in-8.*

DESESSART. Description de travaux hydrauliques, *Paris*, 1808, *2 vol. in-4.*

CHABAN DE CHIBRED. Recherches sur l'histoire de l'Asie, *1 vol. in-8.*

CHABOT. Abrégé de Folard, *Paris*, 1754, *3 vol. in-4.*

CHAIR. Mœurs anglaises, *la Haye*, 1758, *1 vol. in-8.*

CHAMPIGNY. Examen des ministères de M. Pitt, *la Haye*, 1764, *1 vol. in-8.*

CHANLAIR ET L'ESPAGNOL. Itinéraire des étapes, *Paris*, *1 vol. in-4.*

CHARLES V. Instructions à son fils, *la Haye*, 1737, *1 vol. in-16.*

CHAULMER. Tableau de l'Afrique, *Paris*, 1754, *5 vol. in-16.*

CHAUVEAU-LAGARDE. Plaidoyer pour le général Miranda, *1 vol. in-8.*

CHEVRIER. Campagne de 1757.

— Testament politique de M. de Belle-Isle, *Amsterdam*, 1761, *1 vol. in-8.*

CHOISEUL D'AILLECOURT. Influence des Croisades.

CHOMPRE. Dictionnaire abrégé de la Fable, *Paris*, 1778, *1 vol. in-12.*

CLEMENT. Satires, *Paris*, 1786, *1 vol. in-8.*

COHORN. Nouvelles Fortifications, *Paris*, 1741, *1 vol. in-8.*

COLLIN D'HARLEVILLE. Théâtre et Poésies, *Paris*, 1805, *1 vol. in-8.*

COLLY. Mémoire sur la fabrication des armes de guerre, *Paris*, 1806, *1 vol. in-8.*

COMEIRAS. Tableau de Russie, *Paris*, 1802, *2 vol. in-8.*

CORNELY DE HUTREMPEL. Mémoire sur la guerre entre la France et l'Autriche, *Paris*, 1805, *1 vol. in-8.*

CONDILLAC. L'Art de penser.

— L'Art de raisonner.

— La Logique.

CONDORCET. Recherches sur les États-Unis, *Paris*, 1788, *4 vol. in-8.*

— Vie de M. de Turgot, *Londres*, 1786, *1 vol. in-8.*

CONESTAGGIO. Historia delle guerre della Germania, *Cologne*, 1694, *1 vol. in-8.*

CONTADES (maréchal de). Lettres, *la Haye*, 1789, *1 vol. in-12.*

Cooper. Vie de Socrate, *1 vol. in-18.*

Corbinelli. Les Anciens Historiens réduits en maximes, *Paris,* 1694, *1 vol. in-12.*

Carmontaigne. Architecture militaire, *Paris,* 1741, *1 vol. in-4.*

Corneille. Théâtre, *édition de Didot, 10 vol. in-4.*

Cournaud. Les Styles, *Paris,* 1781, *1 vol. in-12.*

— Vie de l'infant don Henri de Portugal, *Paris,* 1761, *1 vol. in-12.*

Courtillz (Sandrar). Annales de la cour de Paris pour 1697, *Cologne, 1 vol. in-12.*

— Guerre de Hollande, *Paris, Barbin,* 1673, *1 vol. in-12.*

De La Croix. Traité de la petite guerre, *Paris,* 1759, *1 vol. in-12.*

— Anecdotes arabes, *Paris,* 1772, *1 vol. in-8.*

Dante. La Divina Comedia, *Paris,* 1768, *2 vol. in-12.*

— L'Enfer, *traduction de Rivarol, Paris,* 1785, *1 vol. in-12.*

Daru. Discours prononcé à l'Institut, *Paris,* 1806, *1 vol. in-8.*

Dedon. Passage de la Limat, *Paris, Didot,* 1805, *1 vol. in-8.*

— Précis des campagnes de l'armée du Rhin, *Paris, 1 vol. in-8.*

Delille. Dithyrambe sur l'immortalité de l'âme, *Paris,* 1802, *1 vol. in-8.*

— Les Géorgiques, *Paris,* 1783, *1 vol.*

— Les Jardins, *Londres,* 1801, *1 vol. in-8.*

— Poésies fugitives, *Paris,* 1802, *1 vol.*

Demosthènes et Eschine. Œuvres complètes, *Paris, 4 vol. in-4.*

Denind. Tableau de la Haute-Italie, *Paris,* 1805, *1 vol. in-8.*

— Vie de Frédéric, *Amsterdam*, 1789, *1 vol. in-8.*

DEPRADES. Histoire de Gustave-Adolphe, *Paris*, 1686, *1 vol. in-12.*

DESESSART. Crimes de Robespierre, *Paris*, 1797, *1 vol. in-18.*

DIDEROT. Œuvres publiées par Naigeon, *Paris*, 1798, *15 vol. in-8.*

— Opinions des anciens philosophes.

DIDOT (l'aîné). Essais de Fables nouvelles, *Paris*, 1786, *1 vol. in-12.*

DIOGÈNE-LAERCE. Vies des plus illustres philosophes, *Amsterdam*, *3 vol. in-12.*

DORIGNY. Chronologie des rois du grand empire égyptien, *Paris*, 1765, *2 vol. in-12.*

DUBOIS (J.-D.-J.). Plan de la campagne de 1737, *la Haye*, *1 vol. in-4.*

DUBOIS (J.-B.). Du commerce des Français, *Paris*, 1806, *1 vol. in-8.*

DUGOUR-JEUDY. Histoire d'Olivier Cromwell, *3 vol. in-18.*

DUJARDIN-SAILLY. Taux des douanes de l'empire français, *Paris*, 1806.

DUMAS. Événements militaires, *Amsterdam*, 1799, *1 vol. in-12.*

DUMAY. Causes de la guerre de Hongrie, *Paris*, 1565, *1 vol. in-12.*

DUSSEUIL. Instruction nautique pour se rendre à l'embouchure du Mississipi, *Paris*, 1805, *1 vol. in-8.*

DUPORT-DUTERTRE et DESORMEAUX. Histoire des conjurations, *Paris*, 1652, *50 vol. in-12.*

DUTURBIE. Manuel de l'artillerie, *Paris*, *1 vol. in-8.*

DUTOT. Réflexions politiques sur les finances, *la Haye*, 1738, *2 vol. in-12.*

DUVAL. Œuvres, 1785, *1 vol. in-18.*

EMACIN. Histoire mahométane, *Paris,* 1657, *1 vol. in-4.*

ESCHASSÉRIAU. Lettres sur le Valais et les mœurs de ses habitants, *Paris,* 1806, *1 vol. in-8.*

ESMENARD. La Navigation, 1806, *1 vol. in-8.*

ESPAGNAC (le chevalier d'). Histoire du maréchal de Saxe, 1775, *2 vol. in-4.*

EULER. Lettre à une princesse d'Allemagne, *Berne,* 1778, *2 vol. in-12.*

FANTIN. Abrégé chronologique de la Révolution, *Paris, 3 vol. in-12.*

FAUCHER. Antiquités gauloises, *Genève,* 1611, *1 vol. in-4.*

FAUCQUE. Histoire de la marquise de Pompadour, *2 vol. in-12.*

FAUR. Vie privée du maréchal de Richelieu, *Paris,* 1791, *3 vol. in-8.*

FAVIER et SÉGUR. Politique de cabinet, *an IX, 3 vol. in-8.*

FERRAUD. Esprit de l'histoire, *Paris, an XI, 4 vol. in-8.*

FERRI (Constant). Londres et les Anglais, *Paris, an XII, 4 vol. in-8.*

LEFÈVRE. Vie des poètes grecs, *Paris,* 1680, *1 vol. in-12.*

LEFÈVRE. Œuvres complètes, *Paris, 2 vol. in-4.*

FIÉVÉE. Lettres sur l'Angleterre, *Paris,* 1802, *1 vol. in-8.*

FILANGIERI. Science de la législation, *Paris, an VII, 7 vol. in-8.*

FILHOL. Cours d'histoire et Éléments de peinture, *Paris, 3 vol. in-8.*

FLORIAN. Œuvres, *Paris, 15 vol. in-18.*

FOISSAC DE LA TOUR. Traité des retranchements, *Strasbourg, 2 vol. in-8.*

LA FONTAINE. Contes, *avec figures, Amsterdam,* 1767, *2 vol. in-8.*

FONTENELLE. Nouvelle Manière d'ordonner l'infanterie, 1790, *1 vol. in-8.*

FORTEQUERRA. Ricardetto, *Londres*, 1767, *3 vol. in-4.*

FOURCROY. Mémoire sur les fortifications perpendiculaires.

FREDERIC. Considérations sur l'état présent des corps politiques.

— Correspondance avec M. Suhm, *Genève*, 1787, *2 vol. in-12.*

FRÉRET. Défense de la Chronologie, fondée sur les monuments de l'histoire, *Paris*, 1758, *1 vol. in-4.*

— Lettres inédites à M. et à Mme de Camos, *Berlin*, 1802, *1 vol. in-12.*

— Œuvres posthumes, *Berlin*, 1788, *15 vol. in-8.*

FROMAGEOT. Annales du règne de Marie-Thérèse, *Paris*, 1775, *1 vol. in-4.*

FRANCK. Plans de siège, *Strasbourg*, 1750, *1 vol. in-4.*

GAIGNE. Nouveau Dictionnaire militaire, *Paris*, 1801, *1 vol. in-8.*

GARNIER. Origine du gouvernement français, *Paris*, 1765, *1 vol. in-8.*

GAUDEN. Le Portrait du roi de la Grande-Bretagne, *Paris*, 1649, *1 vol. in-12.*

GAYA (Louis). La Science militaire contenant l'A B C d'un soldat, *la Haye*, 1689, *3 vol. in-12.*

GENLIS (Mme de). Mme de Maintenon, pour servir de suite à Mme de La Vallière, *1 vol. in-8*, 1806.

GILBERT. Œuvres, *Paris, an X*, *2 vol. in-12.*

GOMICOURT. Dissertation sur l'histoire de la monarchie française, *Colmar*, *1 vol. in-12.*

GONDAR. L'Espion français, *Cologne*, 1765, *3 vol. in-12.*

GRAINCOURT. Histoire de la marine française, *Paris*, 1780, *1 vol. in-4.*

LA GRANGE. Fonctions analytiques, *Paris, an V*, *1 vol. in-4.*

GRAVE. Essai sur le Roussillon, *Londres*, 1787, *1 vol. in-8.*

GRIMOARD (chevalier). Essai historique et pratique sur les batailles, 1775, *1 vol. in-4.*

— Tableaux du règne de Frédéric, 1788, *1 vol. in-8.*

GROBERT. Manière de tenir en bataille les pièces de gros calibre, *Paris, an III, 1 vol. in-4.*

— Observations sur les affûts et les caissons, *an IV, 1 vol. in-4.*

GROUVELLE. Mémoires sur les Templiers, *Paris*, 1805, *1 vol. in-8.*

GUERINIÈRE (DE LA). École de cavalerie, 1733, *3 vol. in-8.*

GUGY. Traité sur les troupes légères, *Paris*, 1732, *1 vol. in-8.*

GUIBERT. Éloge du roi de Prusse, *Londres*, 1787, *1 vol. in-8.*

GUILLON. Histoire du siège de Lyon.

GUISCHARDT. Mémoires sur les Grecs, *la Haye*, 1758, *2 vol. in-4.*

GUMBLE. Vie du général Monk, *Rouen*, 1672, *1 vol. in-12.*

GUYS. Maximes anciennes et modernes, *Paris*, 1786, *1 vol. in-8.*

GUYTON. Vie d'un prince célèbre, 1784, *1 vol. in-12.*

HACHED. Code des lois de Gentoux, *Paris*, 1778, *1 vol. in-4.*

HAUY. Traité élémentaire de physique, *Paris*, 1806, *2 vol. in-8.*

HAY. Traité politique de la France, *Cologne*, 1670, *1 vol. in-12.*

HÉNAULT. Établissement des Français dans les Gaules, *Paris*, 1801, *2 vol. in-8.*

— Œuvres inédites, *Paris*, 1806, *1 vol. in-8.*

HENRY (docteur). Histoire d'Angleterre, depuis la première descente des Normands, *Paris*, 1789, *6 vol. in-4.*

HENRIQUEZ. Histoire de Lorraine, *Paris,* 1775, *2 vol. in-8.*

HOLTZENDORFF. Campagne du roi de Prusse en 1778, *1 vol. in-8.*

HOMÈRE. Iliade, *traduction de Lebrun, Paris,* 1776, *3 vol. in-8.*

HOOKE. Relation de la conduite de la duchesse de Malborough à la cour, *la Haye,* 1742, *1 vol. in-12.*

HORACE. Traduction de Daru, *Paris,* 1804, *2 vol. in-8.*

HILLENS et FUNCK. Relation de la guerre de 1756, *Dresde,* 1778, *1 vol. in-4.*

IMBERT (Barthélemy). Fables nouvelles, *Paris,* 1773, *in-8.*

IMBERT (Guillaume). Mémoire pratique et militaire de la défense de la Grande-Bretagne, *Paris, an IX, 5 vol. in-8.*

ISARN. Le Louis d'or politique et galant, *Cologne,* 1695.

JACQUEMIN. Mémoire sur la Louisiane, *Paris,* 1803, *1 vol. in-12.*

JOINVILLE. Mémoires, 1666, *1 vol. in-12.*

JOMINI. Opérations militaires de Frédéric II, *Paris,* 1811, *4 vol. in-8.*

— Traité de la grande tactique, *Paris,* 1805, *3 vol. in-8.*

JUBÉ. Histoire des guerres des Gaulois, *Paris,* 1805, *7 vol. in-8.*

JULIEN. Atlas topographique et militaire de Bohême, 1758, *1 vol. in-4.*

JULLIEN. Essai d'éducation physique, morale et intellectuelle, *Paris,* 1808, *1 vol. in-4.*

KERALIO. Guerre des Dunes, *Paris,* 1780, *2 vol. in-8.*

— Collection des meilleurs ouvrages français, *Paris,* 1786, *2 vol. in-8.*

— Histoire d'Élisabeth, reine d'Angleterre, 1786, *5 volumes.*

Koch. Abrégé de l'histoire des traités de paix, 1717, *4 vol. in-8.*

Lablé. L'Héroïsme, 1766, *1 vol. in-12.*

Lacombe. Révolution de Russie, *Paris,* 1760, *1 vol. in-8.*

Lacretelle. Histoire de France pendant le xviiie siècle, 1808, *5 vol. in-8.*

Parival. Abrégé de l'histoire du siècle de fer, *Bruxelles, 2 vol. in-8.*

Laveaux. Vie de Frédéric II, *Strasbourg,* 1788, *4 vol. in-8.*

Lavigne-Godefroy. Arithmétique décimale, *1 vol. in-4.*

Lavoisier. Traité élémentaire de chimie, *Paris,* 1793, *2 vol. in-8.*

Lavio. Aventures du roi de Portugal dom Sébastien, 1601, *1 vol. in-12.*

Léonard. Œuvres publiées par Campenon, *Paris,* 1798, *3 vol. in-8.*

— Idylles et Poésies champêtres, *Paris,* 1782, *1 vol. in-8.*

Lescallier. Traité pratique du gréement des vaisseaux, *Paris,* 1791, *2 vol. in-4.*

Lespinasse. Essai sur l'organisation de l'artillerie, *Paris,* 1800, *1 vol. in-8.*

Lessing. Mina de Baruhelin et Aventures des militaires, *comédie, Berlin,* 1772, *1 vol. in-12.*

Leti. Vie de Cromwell, *Amsterdam,* 1730, *3 vol. in-12.*

Liger. Campagne des Français, 1798, *2 vol. in-8.*

Lirscher. Méthode nouvelle pour fortifier les places, *Prague,* 1771, *1 vol. in-8.*

Locré. Esprit du Code, *Paris, 2 vol. in-4.*

Lomet. Mémoire sur les eaux minérales, *Paris, an III, 1 vol. in-8.*

LOMONOSOW. Histoire de Russie, *Paris*, 1769, *1 vol. in-8*.

LONGUERUE. Recueil de pièces sur l'histoire de France. *Genève*, 1769, *1 vol. in-8*.

LUCHET. Dissertation sur Jeanne d'Arc, 1776, *1 vol. in-12*.

LATRILLE. Considérations sur la guerre, *1 vol. in-8*.

MABLY. Entretiens de Phocion.

— Des États-Unis d'Amérique.

— Doutes sur l'ordre naturel des idées politiques.

— Droit public de l'Europe.

— Gouvernements et Lois de Pologne.

— De la législation.

— Principes des négociations.

MACHIAVEL. Réflexions sur la première décade de Tite-Live, *Amsterdam*, 1782.

MACKY. Mémoires sur le caractère de la cour d'Angleterre, *la Haye*, 1733, *1 vol. in-12*.

MAC PHERSON. Témord, *Amsterdam*, 1771, *1 vol. in-8*.

MADGETT ET DUTEMS. Histoire de Marlborough, *Paris*, 1806, *3 vol. in-8*.

MAILLY. Esprit des Croisades, *4 vol. in-12*.

MALHERBE. Poésies, *Paris*, 1764.

MANSTEIN. Mémoires sur la Russie, *Lyon*, 1772, 2 *vol. in-8*.

MARCHI. Architecture militaire, *Rome*, 1810, *5 tomes in-folio, reliés en maroquin rouge*.

MARES. Campagnes du général Masséna, *Paris, an VII, 1 vol. in-8*.

MARIGNY. Traité politique, *Paris*, 1793, *1 vol. in-16*.

MARIVAUX. Œuvres complètes, 1781, *12 vol. in-8*.

MARSOLLIER. Histoire des Inquisitions, *Cologne*, 1759. *2 vol. in-12*.

MARTILLIÈRE (LA). Fabrication des bombes à feu, *Paris*, 1796, *1 vol. in 8.*

MASSIAS. Le Prisonnier d'Espagne, *Paris*, *an II*, *1 vol. in-8.*

MASSON. Lettres d'un Français, 1802, *1 vol. in-8.*

— Mémoires sur la Russie, 1802, *3 vol. in-8.*

MAUBERT-GOUVEST. Mémoires militaires sur les anciens, *Bruxelles*, *2 vol. in-12.*

— Testament de Walpole, *Paris*, 1776, *1 vol. in-12.*

MAUVILLON. Histoire de Gustave-Adolphe, *Amsterdam*, 1764, *1 vol. in-12.*

MEHEL. Tableau historique de la retraite de Moreau, *Basle*, 1798, *1 vol. in-8.*

MEMRET. Mémoire sur la ville de Hambourg, *Hambourg*, 1797,

MERCIER. Histoire de France, 1802, *6 vol. in-8.*

— Tableaux de Paris, *Amsterdam*, 1782, *12 vol. in-8.*

MILLIN. Antiquités nationales, *Paris*, 1790, *5 vol. in-8.*

MILTON. Paradis perdu, 1765, *4 vol. in-4.*

— Traduction de Delille, 1805, *3 vol. in-8.*

MIOT. Tableaux de l'Égypte, *Paris*, *an II*, *2 vol. in-8.*

LEMOINE. Antiquités de Soissons, *Paris*, 1771, *1 vol. in-12.*

MOLIÈRE. Théâtre, *Collection du Dauphin*, *6 vol. in-4.*

MONGE. Art de la fabrique des canons, *Paris*, *an III*, *1 vol. in-4.*

LEMONNIER. Fables et Épîtres, 1773, *1 vol. in-8.*

MONTALEMBERT. L'Art défensif supérieur à l'offensif, 1793, *12 vol. in-4.*

MONTEMPUIS. Observations sur la nouvelle édition des Mémoires de Sully, *la Haye*, 1744, *1 vol. in-12.*

MONTI. La Bande de la Forêt-Noire, *Paris*, 1807, *1 vol. in-8.*

MONTPENSIER (Mme de). Mémoires, *Maëstricht*, 1776, *8 vol. in-12*.

MOPINOT. Effrayante histoire des crimes, 1793, *1 vol. in-8*.

MOTTIN DE LA BALME. Essai sur l'équitation, *Paris*, 1773, *1 vol. in-12*.

MULLER (Frédéric). Guerres de Frédéric, *Paris*, 1788, *1 vol. in-12*.

NAUDÉ (Gabriel). Science des princes, 1752, *3 vol. in-12*.

NECKER. Dernières Vues de politique et de finances, 1802, *1 vol. in-8*.

NEUFVILLE DE VILLEROYE. Lettres à M. de Matignon, *Montélimart*, 1749.

NOEL. Dictionnaire de la fable, *Paris*, 1801, *2 vol. in-8*.

O'CONNOR (Arthur). État actuel de la Grande-Bretagne, 1804, *1 vol. in-8*.

PAINE. Remarques sur l'histoire philosophique de Raynal, *Londres*, 1762, *1 vol. in-8*.

PALISSOT. La Dunciade, *Paris*, 1805, *1 vol. in-12*.

— Premiers Siècles de Rome.

PALAVICINI. Le Divorce céleste, *Villefranche*, 1644, *1 vol. in-12*.

PARIS-DUVERNEY. Correspondance, *Paris*, 1789, *1 vol. in-8*.

PARNY. Guerre des dieux, *Paris, an VII*.

— Œuvres, 1802, *2 vol. in-12*.

PARSEVAL-GRANDMAISON. Amours épiques, *Paris*, 1806, *1 vol. in-8*.

PASSERAT DE LA CHAPELLE. Réflexions sur Minorque, *Paris*, 1764, *1 vol. in-12*.

PESSELLIER. Fables nouvelles, 1748, *1 vol. in-8*.

PÉTRARQUE. Œuvres, *Paris*, 1707, *1 vol. in-12*.

— Le Rime, 1768, *2 vol. in-12*.

PEYRONNEL. Examen et Considérations sur la guerre de Turcs, *Amsterdam*, 1755, *1 vol. in-8.*

— Situation politique de la France, *Neufchâtel*, 1789, *2 vol. in-8.*

— Troubles de Perse, *Paris*, 1754, *1 vol. in-12.*

PSFAU. Campagne des Prussiens en Hollande, 1787, *Berlin*, *1 vol. in-4.*

PHÈDRE, ÉSOPE ET LA FONTAINE. Fables publiées par Champrosay, *Paris*, 1776, *4 vol. in-8.*

PIRCHER (baron de). Mémoires sur les parties de la tactique, *1 vol. in-8.*

LA PLACE. Exposition du système du monde, 2e *édition*, *an VII*, *1 vol. in-4.*

PLAYFAIR. Éléments de statistique, *Paris*, 1802, *1 vol. in-* .

POCHINI. Le Statue antiche del museo, *Paris*, 1808, *1 vol. in-8.*

POLYBE. Histoire, *Paris*, 1727, *7 vol. in-4.*

POMMEREUIL. Campagnes du général Bonaparte en Italie, *1 vol. in-8.*

POMPIGNAN. Œuvres, 1784, *6 vol. in-8.*

PONCET DE LA GRAVE. Histoire des descentes en Angleterre, *Paris*, 1800.

POPELINIÈRE. Conquête des Pays-Bas, *Lyon*, 1601, *1 vol. in-8.*

PORTIER DE L'OISE. Code diplomatique, *Paris*, 1802, *2 vol. in-8.*

POSSELT. Histoire de Gustave III, *Genève*, 1807, *1 vol. in-8.*

PREMPART. Histoire du siège de Bar-le-Duc, *1 vol. in-8.*

QUINTUS DE SMYRNE. Guerre de Troyes, *Paris*, 1800, *2 vol. in-8.*

RABAUT-SAINT-ETIENNE. Almanach de la Révolution, *Paris*, 1792, *2 vol. in-18.*

RABUTIN (Bussy). Histoire amoureuse des Gaules.

RACINE. Œuvres, édition du Dauphin, *3 vol. in-4.*

RAYNAL. École militaire, *Paris*, 1742, *3 vol. in-8.*

— Réponse à la Censure de la Faculté de théologie, *Londres, 1 vol. in-8.*

— Tableau de l'Europe, *Maëstricht*, 1774, *1 vol. in-8.*

REGNARD. Œuvres, *Paris*, 1790, *6 vol. in-12.*

REGNAULT-WARRIN. Lille ancienne et nouvelle, *1 vol. in-12.*

CRÉQUINIÈRE. Conformité des coutumes des Indiens orientaux avec celles des Juifs, *Bruxelles*, 1704, *1 vol. in-12.*

RETZOW. Guerre de Sept Ans, *Paris*, 1702, *2 vol. in-8.*

RICHER. Vies des plus célèbres marins, *Paris*, 1783, *7 vol. in-12.*

RICHTIE. Mémoires sur les événements depuis le traité de Campo-Formio, *2 vol. in-8.*

ROCHE-AYMON. Introduction à l'étude de l'art de la guerre, *avec atlas, Weimar*, 1802, *4 vol. in-8.*

ROLLIN. Histoire romaine, 1758, *16 vol. in-12.*

ROMME. Dictionnaire de la marine anglaise, *Paris*, 1804, *2 vol. in-8.*

LE ROUGE. Le Parfait Aide de camp, *Paris*, 1760, *1 vol. in-8.*

ROUSSEAU. Œuvres.

ROYON. Histoire du Bas-Empire, *Paris, an XII, 4 vol. in-8.*

RUHLIÈRES. Anecdotes de la révolution de Russie, *Paris, an V, 1 vol.*

— Œuvres, *Paris, 1 vol. in-8.*

SAINT-AUBIN ET AUTRES. Collection de mémoires sur l'artillerie, *3 vol. in-8.*

SAINT-MIHIEL. Le Véritable Homme du masque de fer, *Strasbourg*, 1790, *1 vol. in-8.*

SAINT-SIMON. Guerre des Alpes, *Amsterdam*, 1770, *1 vol. in-4.*

SAINTE-CROIX. Ézour-Védam, *Yverdun*, 1770, *2 vol. in-12.*

SAINTE-MARTHE. Histoire généalogique de la maison de France, 1619, *2 vol. in-4.*

SALDERN. Histoire de la vie de Pierre III, *Metz, an X, 1 vol. in-8.*

DELILLE DE SALES. Éloge historique du général de Montalembert, 1801, *1 vol. in-4.*

SAINT-MAIOLO. Histoire de la guerre de Hollande, *Paris*, 1782, *1 vol. in-12.*

SAPHO. Poésies, *Traduction de Longepierre*, 1684, *1 vol. in-12.*

SAUVAL. Sur les amours du roi de France, *Paris*, 1734, *1 vol. in-12.*

SAVARERI. Mémoires et Opuscules sur l'Égypte, *Paris, an X, 1 vol. in-8.*

SAXE (maréchal de). Mes Rêveries, *Amsterdam*, 1757, *2 vol. in-4.*

SCHEEL. Mémoires d'artillerie, *Paris, an III, 1 vol. in-4.*

SCHERER (J.-D.). Anecdotes sur différents peuples de Russie, *Londres*, 1782, *6 vol. in-12.*

SCHILLER. Histoire de la guerre de Trente Ans, *Paris, an XII, 2 vol. in-8.*

— Théâtre, *Paris*, 1789, *2 vol. in-8.*

SCIMDT D'AVENSTEIN. Principes de législation universelle, 1776, *2 vol. in-8.*

SÉGUR. Comédies, Proverbes, *Paris*, 1802, *1 vol. in-8.*

SEGUR ET FAVIER. Politique des cabinets, *Paris, an IX, 3 vol. in-8.*

SEMEDO (Alvarez). Histoire de la Chine, *Lyon*, 1647, *1 vol. in-4.*

SENECE. Œuvres, *Paris*, 1801, *1 vol. in-12.*

SÉNÈQUE. Théâtre, *Traduction de Coupé, Paris*, 1795, *2 vol. in-8.*

SERVAN. Histoire des guerres des Gaulois.

SLEÏDAN. Abrégé de l'histoire des quatre grands empires, *Amsterdam*, 1757, *1 vol. in-12.*

STACE. Thébaïde.

STANISLAS. Observations sur le gouvernement de Pologne.

STÉACE (Richard). Réflexions sur l'importance de Dunkerque, *Amsterdam*, 1715, *1 vol. in-12.*

SKAKLEMBER (baron). Description de la Russie, *Paris*, 1767, *2 vol. in-12.*

SUÉTONE. *Traduction de La Harpe, Paris*, 1770, *2 vol. in-8.*

SULLY. Mémoires, *Paris*, 1787, *6 vol. in-8.*

TAMERLAN. Les Institutions publiques, *Paris*, 1787, *1 vol. in-8.*

TASSE. La Jérusalem délivrée, *Traduction*, 1803, *2 vol. in-8.*

TASSONI. La Secchia rapita, *Paris*, 1768, *1 vol. in-12.*

THIÉBAULT. Blocus de Genève, *Paris*, 1801, *1 vol. in-4.*

TOSINI. La Liberté de l'Italie, *Amsterdam*, 1728, *1 vol. in-12.*

TOUZAC. Traité de la défense des redoutes, *Paris*, 1785, *1 vol. in-8.*

TRENCK. Examen de l'Histoire secrète de Berlin, *Berlin*, *1 vol. in-8.*

TRENEUIL. Tombeaux de Saint-Denis, *Paris*, 1808, *1 vol. in-8.*

TURPIN. La France illustre, *Paris*, 1780, *2 vol. in-4.*

VAISSETTE. Dissertation sur l'origine des Français, *1 vol. in-12.*

VALIERE (marquis de La). Mémoires sur la supériorité des pièces d'artillerie, 1775, *1 vol. in-8.*

VAUBAN (le comte de). Guerre de la Vendée, *Paris,* 1806, *1 vol. in-8.*

VAUVENARGUES. Œuvres, *Paris,* 1797, *2 vol. in-8.*

VEGÈCE. Institutions militaires. *Paris,* 1743, *1 vol. in-12.*

VALSÈRE. Liberté de Venise, *Ratisbonne,* 1677, *1 vol. in-12.*

VERTOT. Révolution de Portugal, *Paris,* 1773, *1 vol. in-12.*

VICOMTESSE (la). Crimes des rois, *Paris,* 1791, *2 vol. in-8.*

VILLERS. Influence de la Réformation, *Paris,* 1804, *1 vol. in-8.*

VIRGILE. Géorgiques, *Traduction de Delille,* 1783, *1 vol. in-4.*

— Énéide, *Traduction de Delille,* 1804, *4 vol. in-8.*

VOLNEY. Tableau des États-Unis, *Paris,* 1803, *2 vol. in-8.*

VOLTAIRE. Édition de Kehl, *in-8,* tomes X, XI, XIV, XXIII, XXIV, XLIII, XLIV, XLV, XLVI, LXIV, LXV, LXVI, LXX.

WEBER. Mémoires pour l'histoire de Russie, *la Haye,* 1725, *1 vol. in-12.*

— Nouveau Mémoire sur l'état de la Grande-Russie, 1725, *2 vol. in-12.*

XENOPHON. Hiéron (texte, introduction de Coste), *Amsterdam,* 1701, *1 vol. in-12.*

— Traité de la Chasse, *Paris,* 1801, *1 vol. in-12.*

YOUNG. Nuits, *Traduction, Paris,* 1770, *5 vol. in-8.*

ZIMMERMANN. Entretiens de Frédéric, *Paris,* 1790, *1 vol. in-12.*

ZOROASTRE. Zend-Avesta, *Paris*, 1771, *3 vol. in-4.*

ANONYMES

Abrégé de l'histoire des antiquités romaines, *1 vol. in-12.*

Abrégé des mouvements de l'Angleterre, *Anvers*, 1751, *1 vol. in-12.*

Actes constitutionnels du peuple français, 1793, *1 vol. in-18.*

Amours de Louis le Grand et de Mme....., *Rotterdam*, *1 vol. in-12.*

L'Alcoran de Louis XIV, *Rome*, 1695, *1 vol. in-12.*

Amours de Dames illustres de France, *Cologne*, 1728, *2 vol. in-12.*

Amours de Mme de Maintenon, *Villefranche*, 1694, *1 vol. in-12.*

Les Amours de Messaline et de Mme Reine d'Albion, *Villefranche*, 1693, *1 vol. in-4.*

L'Angleterre en 1701, *Paris*, 1801, *2 vol. in-8*

Appel de l'Angleterre contre la cabale de Whitehall, *Amsterdam*, 1673, *1 vol. in-12.*

Augustes et Fidèles Amours du chevalier le Fort, *Fontenay*, 1625, *1 vol. in-12.*

Bibliorum sacrorum vulgata, id., *Édition du Dauphin, in-4.*

Campagnes du duc de Brunswick, *Paris, an II, 1 vol. in-8.*

Campagnes de Villeroy, *Amsterdam*, 1762.

Catalogue des cartes et plans gravés du ministre de la Marine, *Paris*, 1805, *1 vol. in-4.*

Censure du discours politique touchant les prétentions de la cour de Pologne, *Cologne*, 1670, *1 vol. in-12.*

Cérémonial de l'Empire français, *Paris*, 1805, *1 vol. in-8.*

Charles Ier, roi d'Angleterre, condamné à mort, *Amsterdam*, 1757.

Chouking, Livre sacré des Chinois, *Paris*, 1770, *1 vol. in-4.*

Code civil, 1804, *1 vol. in-8.*

Code noir, *Paris*, 1767, *1 vol. in-18.*

Collection des livres et arrêtés sur l'artillerie, *Paris*, 1808, *1 vol. in-12.*

Collection d'ordonnances militaires données, par M. de Boislisle, *6 vol. in-folio.*

Collection des lois du pouvoir exécutif, *Paris*, 1792, *23 vol. in-4.*

Conduite du duc de Marlborough dans la guerre de 1704, *Amsterdam*, 1714, *1 vol. in-12.*

Les Confessions réciproques de Louis XIV, et du Père La Chaise, *Cologne*, 1674, *1 vol. in-12.*

Conquêtes des Pays-Bas, *la Haye*, 1747, *1 vol. in-12.*

Conseil privé de Louis XIV, *Versailles*, 1696, *1 vol. in-12.*

Conversation du comte de Mirabeau, garde des sceaux, avec autres pièces, *1 vol.*

Correspondance originale des émigrés, *Paris*, 1793, *1 vol.*

Correspondance secrète de plusieurs grands personnages, *Paris*, 1804, *1 vol. in-8.*

La Cour de Saint-Germain ; Intrigues du roi et de la reine d'Angleterre, *Saint-Germain*, 1695, *1 vol. in-12.*

Courrier burlesque envoyé au prince de Condé, *Anvers*, 1650, *1 vol. in-12.*

Crimes des empereurs d'Allemagne, *Paris*, 1793, *1 vol. in-8.*

Curiosités historiques, *Amsterdam*, 1759, *2 vol. in-12.*

Défense des Empereurs contre la Censure des papes, 1607, *1 vol. in-8.*

Description de la Livonie, *Utrecht*, 1705, *1 vol. in-12.*

Détails sur les principales descentes en Angleterre, *Nantes,* 1804, *1 vol. in-8.*

Dialogues entre le maréchal de Richelieu et autres, *Cologne,* 1705, *1 vol. in-16.*

Dictionnaire des Jacobins, *Hambourg,* 1799, *1 vol. in-12.*

Discours lamentable sur l'attentat de Henri IV, *Rouen,* 1610.

Discours par lesquels il est prouvé que les princes sont les plus propres au gouvernement de l'Église, *Paris,* 1624, *1 vol. in-8.*

Discours politique sur les avantages que les Portugais pourraient retirer de leurs malheurs, *Paris,* 1756, *1 vol. in-12.*

Éclaircissement sur le Mémoire de l'abbé Morelet relatif à la Compagnie des Indes, *1 vol. in-4.*

Édits sur le fait de la marine, 1677, *1 vol. in-4.*

Entretiens sur l'ancien et le nouveau gouvernement d'Angleterre, *Londres, 1 vol. in-12.*

Entretiens de l'autre monde, *Londres,* 1784, *1 vol. in-8.*

L'Esprit de Luxembourg ou les Confesseurs, *Cologne,* 1693, *1 vol. in-12.*

Esprit de France et maximes de Louis XIV découvertes à l'Europe, *Cologne,* 1688, *1 vol. in-12.*

Essai sur un code maritime européen, *Leipsick,* 1782, *1 vol. in-12.*

État de toutes les places du royaume avec les appointements et les émoluments du gouvernement, *Manuscrit, 1 vol. in-12.*

État présent de l'Angleterre, *Traduction de l'anglais,* 1751, *1 vol. in-12.*

Extrait de l'Histoire de la navigation intérieure de l'Angleterre, *1 vol. manuscrit in-4.*

Faits et dits mémorables de plusieurs personnages français, 1565, *1 vol. in-4.*

La France démasquée, *la Haye,* 1670, *1 vol. in-16.*

La France ruinée sous le règne de Louis XIV, *Cologne,* 1696, *1 vol. in-12.*

Glorieuse campagne du prince de Condé sur le Rhin, *Cologne,* 1762, *1 vol. in-12.*

Harangues choisies des historiens latins, 1778, *2 vol. in-12.*

Henri IV peint par lui-même, *Paris,* 1787, *1 vol. in-8.*

Les Héros de la France sortant de la barque à Caron, 1691, *1 vol. in-8.*

Histoire abrégée de Jacques II, roi d'Angleterre, *Paris, 1 vol. in-12.*

Histoire de Charles Stuart, roi d'Angleterre, *Londres,* 1650, *1 vol. in-8.*

Histoire de la cour de Madrid, *Cologne,* 1719, *1 vol. in-12.*

Histoire de la décadence de la France, *Cologne,* 1688, *1 vol. in-12.*

Histoire de la tyrannie du gouvernement anglais envers Thomas Moore, 1798, *1 vol. in-12.*

Histoire des amours du maréchal de Luxembourg, *Cologne,* 1694, *1 vol. in-12.*

Histoire des grands vizirs, *Amsterdam,* 1676, *1 vol. in-12.*

Histoire des guerres sous Charles VII, *Paris,* 1568, *1 vol. in-12.*

Histoire des soixante-trois descentes en Angleterre, 1803, *1 vol. in-18.*

Histoire du couronnement de Bonaparte, *Paris,* 1805, *1 vol. in-8.*

Histoire secrète de la reine Basacle ou la duchesse de

Marlborough démasquée, *Oxford*, 1771, *1 vol. in-12.*

Histoire des choses arrivées en Angleterre, relativement au duc de Northumberland, depuis la mort d'Édouard VI, *en italien, Venise*, 1558, *1 vol. in-8.*

L'Idée de conclave, *Amsterdam*, 1676, *1 vol. in- 12.*

Journal de la campagne de 1760, *Francfort*, 1761, *1 vol. in-4.*

Journal du siège de Turin en 1706, *Francfort*, 1734, *1 vol. in-12.*

Journal militaire et pittoresque des opérations de 1737, *1 vol. in-8.*

Lettre d'un gentilhomme bourguignon à un gentilhomme piémontais, *Cologne*, 1690, *1 vol. in-12.*

Lettres du Père La Chaise au confesseur du roi d'Angleterre, *Cologne, 1 vol. in-12.*

Le Marquis de Louvois sur la sellette, *Cologne*, 1695, *1 vol. in-12.*

Luxembourg apparu à Louis XIV, *Cologne*, 1695, *1 vol. in-12.*

Le Maréchal de Luxembourg au lit de la mort, *Cologne*, 1695, *1 vol. in-12.*

La Malice découverte ou Relation de l'accusation et de la décharge d'Élisabeth Cessier et le secret de la Conspiration d'Angleterre, *Londres*, 1681, *1 vol. in-12.*

Mauvaise Foi de la France, *Villefranche, 1 vol. 12.*

Mémoires sur la dernière guerre entre la France et l'Espagne, 1801, *1 vol. in-8.*

Mémoires sur la réunion de l'artillerie et du génie, *Paris*, 1800.

Mémoires et Anedoctes pendant la faveur de Mme de Pompadour, 1802, *1 vol. in-8.*

Mémoires politiques des Milanais, *Francfort*, 1670, *1 vol. in-12.*

Mémoires sur le gouvernement d'Angleterre, *Amsterdam*, 1761, *1 vol. in-12.*

Mémoire topographique militaire, *Paris, an II, 3 vol. in-8.*

Le Mercure postillon de l'un à l'autre monde, *Liège*, 1667, *1 vol. in-12.*

Le Mont-Joux, *Paris, an IX, 1 vol. in-12.*

Nouveau Code criminel de l'empereur, *publié à Vienne*, 1787, *1 vol: in-8.*

Le Nouveau Truc des chrétiens, *Cologne*, 1683, *1 vol. in-12.*

Opérations de l'armée du roi dans les Pays-Bas, en 1748, *La Haye*, 1749.

Ordonnances de la Marine, 1714, *1 vol. in-4.*

Ordonnances militaires du roi dans les années 1759, etc., *10 vol. in-4.*

Pensées morales de Louis XIV, *Cologne*, 1695, *1 vol. in-12.*

Le Peuple anglais bouffi d'orgueil, de bière et de thé, jugé au tribunal de la raison, *Paris, an IX, 1 vol. in-8.*

Pièces officielles de l'armée d'Égypte, *Paris*, 1809, *2 vol. in-8.*

Pluton Maltôtier, *Cologne*, 1708, *1 vol. in-12.*

La Politique du temps, *Charleville*, 1671, *1 vol. in-12.*

Portraits et Figures pour l'entrée de Henri II à Rouen, *Paris*, 1549, *1 vol. in-4.*

Le Pot aux Roses ou Correspondance de Thomas Boollt, cordonnier royal, avec Sa Majesté, *Londres, 1 vol. in-8.*

Précis des opérations de la Grande Armée, *Paris*, 1706, *1 vol. in-8.*

Procédure faite contre Jean Châtel, 1595, *1 vol. in-8.*

Protestation et défense de Henri III, 1587, *1 vol. in-8.*

De Rebus ad minorum Calcaricum gestis et commentarium, *Paris,* 1681, *1 vol. in-12.*

Recueil des lois sur la marine, *10 vol. in-8.*

Histoire de la campagne des Allemands en 1690, *Liège, 1 vol. in-12.*

Relation de Sicile, *Vienne,* 1677, *1 vol. in-12.*

Relation historique de l'amour de l'empereur du Maroc pour la princesse de Conti, *Cologne,* 1700, *1 vol. in-12.*

Remarques sur le gouvernement du royaume durant le règne de Henri IV, Louis XIII et Louis XIV, *Cologne,* 1688, *1 vol. in-12.*

Révolution qui a contribué au rétablissement du roi de la Grande-Bretagne, 1661, *1 vol. in-8.*

Les Risées de Pasquin, *Cologne,* 1674, *1 vol. in-12.*

Le Roi prédestiné par l'esprit de Louis XIV, *Cologne, 1 vol. in-12.*

Les Soupirs de la France sur la mort de Henri IV, *Rouen, 1 vol. in-12.*

Les Soupirs de la France esclave, 1689, *1 vol. in-4.*

Campagnes de Souwarow *en italien, Florence,* 1799, *2 vol. in-8.*

Testament politique de ma silhouette, 1772, *1 vol. in-12.*

Testament politique et moral du prince Rakocky, *la Haye,* 1751.

Le Théâtre d'Angleterre représentant la fuite de Jacques III et son arrivée en Irlande, *1 vol. in-4.*

Travaux de la Grande-Armée, 1806, *Paris, 1 vol. in-8.*

Le Triomphe de la déesse Monas, ou histoire du portrait de M. de Conti, *Amsterdam,* 1698, *1 vol. in-12.*

Le Triomphe de la Ligue, *Paris,* 1596.

Le Tyrannicide, 1589, *1 vol. in-8.*

Uniformes militaires, *Paris,* 1780, *1 vol. in-4.*

Vie publique de Marie-Louise de Parme, 1793, *1 vol. in-18.*

Vie du prince et duc de Marlborough, *Amsterdam*, 1704, *1 vol. in-12.*

Vie de la duchesse de La Vallière, *Cologne*, 1695, *1 vol. in-12.*

Vita del Imperatore Carlo V°, *Venise*, 1606, *1 vol. in-4.*

Comme on le voit par la lecture de ce catalogue, le quartier général prussien, en 1815, ne fit point seulement enlever les ouvrages militaires ou historiques qui pouvaient être aux officiers de quelque utilité; il fit faire main basse sur des volumes précieux par leur rarete et leur origine, plaquettes satiriques, curiosités bibliographiques, éditions elzéviriennes, etc.

La quantité d'ouvrages enlevés ne permet pas d'erreur sur le caractère de l'opération. Ce fut un véritable pillage, et non point seulement le fait d'emprunts non suivis de restitution. Dans toutes les autres résidences impériales, Fontainebleau, Meudon, Compiègne, le pillage des bibliothèques eut lieu dans les mêmes conditions. Le bibliothécaire de l'empereur, M. A.-A. Barbier, en dressa également un inventaire détaillé, que nous avons consulté. Entre autres particularités piquantes que nous y avons relevées, il est fait une mention spéciale pour le château de Fontainebleau d'un certain nombre de volumes *réquisitionnés* par des officiers de la suite du commandant en chef du corps d'armée. Tous ces volumes, sans aucune exception, sont des ouvrages d'une moralité très équivoque, du genre de ceux qui font partie à la Bibliothèque nationale du célèbre cabinet de l'Enfer.

TABLE DES ARTISTES

NOMMÉS DANS LE VOLUME

PEINTRES

SCULPTEURS-GRAVEURS, ETC.

ARCHITECTES

TABLE

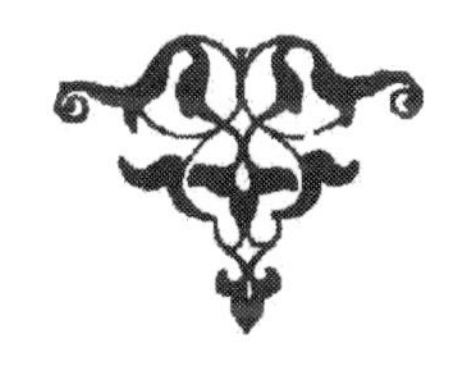

Ingram Content Group UK Ltd.
Milton Keynes UK
UKHW022233180523
421997UK00005B/113